―― 完全图解版 ――

躯干跑步法

顶尖教练帮你改善跑姿、减少伤病

[韩] 金哲彦 著
肖 潇 译

Body Core Running

北京联合出版公司
Beijing United Publishing Co.,Ltd.

激发轻松跑步的力量吧

序 言
Prologue

以2007年的东京马拉松等事件为契机,很多人开始注意到"跑步"这件事。在此之前,"跑步＝折磨"这样的观念根深蒂固,而现在,情况正在悄然发生变化。

很多人开始意识到,即便是小时候完全不擅长跑步的人也能够享受跑步的乐趣,并且通过跑步,可以进一步提高自己的健康水平。从促进人们身心健康水平的角度来讲,跑步热潮的出现对于我们国家来说应该是一件值得热烈欢迎的文化现象。

然而,在这样的跑步热潮当中,也存在着不可忽视的问题。其中很重要的一点就是,大家好不容易意识到了跑步的好处,却由于没有掌握正确的跑步方法,导致了运动损伤。受到伤病困扰的业余跑步爱好者在跑友圈占了相当

大的比例。

究其原因，我们可以看到，在日本的学校教育中，并没有教给学生跑步的方法。这大概是由于大家普遍认为"跑"是一个自然而然的动作，"没什么可教的"。其实，这样的想法是错误的。世界上的确存在着如何正确跑步的方法。

如果了解了正确的跑步方法，人人都可以像顶尖选手那样，在充分发挥身体机能的同时姿态优美地进行跑步。不仅如此，采用正确的姿势跑步，还能够提升减肥的效果，在消耗同样体力的情况下，会自然而然地提高跑步成绩。正确的跑步姿势所带来的效果是非常有吸引力的。

掌握正确姿势的关键词是"躯干"。所谓躯干，指的是身体的胴体部分。胴体部分聚集了发挥重要作用的肌肉和内脏，而通过最大限度地发挥这部分身体的作用来进行跑步的技术，就是"躯干跑步法"。只有强调"躯干"

的跑步姿势才是正确的跑步法。

　　然而遗憾的是，环顾周围，在普通跑步爱好者当中，能够充分运用躯干进行跑步的人数尚不足两成。但是请不要就此放弃。只要认真阅读本书，进行"躯干练习"，就能够唤醒沉睡中的身体，体会到一种仿佛回到原始状态似的快感。如果能充分理解的话，任何人都能掌握"躯干跑步法"。

　　"躯干跑步法"是利用"重力"这一自然法则来进行跑步的方法。重力是会作用于地球上所有物体的力，而人类的身体当然也属于地球上所有物体当中的一个。在人的身体里面存在着一种叫作"重心"的东西。为了使物体的移动更有效率，巧妙地移动重心是最合适的办法。

　　此外，在关注跑步的基础上，还必须要考虑人类的身体构造。身体是以躯干为中心，头、手臂、腿等器官相互关联着进行活动的。当我们把躯干看作身体构造的中心时，看似结构复杂的人类身体就会变得简单很多。

Prologue

　　"躯干跑步法"充分利用了人跑步时的每一步从地面获得的反作用力，也就是着地的瞬间躯干的肌肉从地面上获得的巨大能量。并且，通过身体重心略微前倾将这种能量转化为推进力。请仔细观察电视上那些顶尖选手的跑步姿势，你会发现，他们无一例外都是用这种姿势来跑步的。

　　本书内容是"什么是正确的跑步方法"这一问题的答案之一，同时也是我迄今为止实践的理论的总结。作为已经指导过大量业余跑步爱好者的专业跑步教练，我希望"躯干跑步法"不仅能被业余跑步爱好者知晓，而且能让所有人有所了解，并从中获益。

　　啰唆的话到此为止。请深吸一口气，开始第一章的阅读吧。

金哲彦

躯干跑步法

目　录

序　言　激发轻松跑步的力量吧 2

第1章　什么是躯干跑步法? 1

首先，来比较两种跑步方法 2
顶尖选手的跑步秘诀"躯干"是什么? 4
原来如此! 运用躯干就能轻松跑步! 6
躯干跑步法让跑步变得更有趣 8
测试一下自己的躯干力吧 10
躯干关键词 ①丹田 16
　　　　　　②肩胛骨 18
　　　　　　③骨盆 20

COLUMN　科学证实躯干跑步法的巨大优点 22

第2章　唤醒躯干吧 23

开启躯干肌肉的开关——躯干训练 24
躯干训练5个心得 26
通过躯干训练锻炼这些肌肉 28
躯干训练的9个步骤 30
　　　　STEP ①　基本姿势 31
　　　　STEP ②　大腿前侧肌肉训练 32
　　　　STEP ③　大腿后侧肌肉训练 34
　　　　STEP ④　转体训练 36

Body Core Running
Contents

STEP ⑤ 摆臂训练	38
STEP ⑥ 踏步训练	40
STEP ⑦ 腰部抬起训练	42
STEP ⑧ 腹肌训练	44
STEP ⑨ 腿部抬起训练	46
在日常生活中锻炼躯干	48
①芭蕾站姿	49
②用躯干站立	50
③利用骨盆走路	51
④利用骨盆上台阶	52
⑤运用躯干的坐姿	53
COLUMN 控制了躯干,就控制了跑步!	54

第3章 躯干跑步法实践篇1 运用躯干站立、走路 — 57

运用躯干站立①运用躯干,获得正确的站姿	58
②确认重心的位置	60
运用躯干走路①保持正确的姿势,试着走一走	62
②运用躯干行走时需要注意的要点	64
③矫正走路时的坏习惯	66
COLUMN "四肢行走",帮你抓住运用躯干活动的感觉	68

Body Core Running
Contents

第 4 章　躯干跑步法实践篇 2　运用躯干跑步　　69

运用躯干跑步①运用躯干跑步，跑得更快、更轻松 …… 70
　　　　　　②这是运用躯干跑步的理想状态 …… 72
　　　　　　③开启躯干肌肉的开关，开始跑步吧 …… 74
　　　　　　④姿势的起点"摆臂" …… 76
　　　　　　⑤激发跑步力量的关键"骨盆" …… 78
　　　　　　⑥保证重心顺畅移动最重要的步骤"着地" …… 80
　　　　　　⑦长时间跑步导致躯干姿势不正确 …… 82
如果感觉到不适，就试试这个呼吸法吧! …… 87
　COLUMN　选择符合躯干力的鞋子 …… 88
　COLUMN　当下流行的训练也是以锻炼躯干为目的的 …… 90

第 5 章　通过躯干训练，跑步变得更有趣　　91

3 个月挑战全程马拉松 …… 92
躯干跑步法体验谈 …… 96
躯干跑步法 Q&A …… 98

后记　给读者朋友们的鼓励 …… 102
附录　躯干训练
　　　3 个月的训练计划表

8

第 1 章

什么是躯干跑步法？

所谓"躯干跑步法"，是我在 30 年时间里作为选手和教练，潜心研究出来的跑步方法。通过对其进行实践，任何人都可以比原来跑得更快、更轻松！

首先，来比较两种跑步方法

方法之间存在的差别。在阅读了第1章到第5章之后，请再来看看这两组照片，试着找出其中的差别吧。在本书中，我会清晰地为大家讲解两种方法。

上图照片中的跑姿是很常见的，这是一种让人很快就会感觉到疲劳的跑步方法。而在下图的照片中，则利用了躯干跑步，这是一种让人跑很久也很难觉得疲劳的跑步方法。

常见的跑步姿势（只用腿跑步）

利用了躯干的理想跑步姿势（躯干跑步法）

第1章 什么是躯干跑步法？

顶尖选手的跑步秘诀"躯干"是什么？

> 顶尖选手
> 是在用躯干跑步!

"躯干"这个词在日常生活中恐怕并不常被提到。但实际上，它确实是包括跑步在内的所有身体活动的重要关键词。

所谓躯干，简而言之，就是胴体。请把身体想象成一棵大树，胴体就相当于树干，手臂、腿、手指、脚趾等就相当于树枝。从字面来看，躯干就是躯体的主干，在那里聚集着跑步时发挥重要作用的骨盆和背部、腹部、臀部等处的肌肉。

身体的"树干"和手臂、腿等"树枝"部分的主要差别来自存在于这些部位的肌肉的大小和功能。很明显，与手臂和腿部的肌肉相比，背部和腹部的肌肉块头更大，而肌肉块头大，就意味着从这里能够产生更大的力量。

换句话来说，躯干是力量之源。虽然我们很容易只用腿和手臂进行活动，但实际上，如果能利用好躯干的话，就能够跑得更轻松。顶尖选手都是在用躯干进行跑步。

我们在站起、坐下这些动作当中，都使用到了躯干的肌肉。然而，由于日常生活中身体活动的机会减少了，因此躯干并不能得到充分的活动，而且肌肉可能会出现偏移，导致躯干不能平衡地活动。

如果能唤醒沉睡的躯干，你也能够像顶尖选手一样充满力量、轻松地跑步。请记得，一定要唤醒自己的躯干。

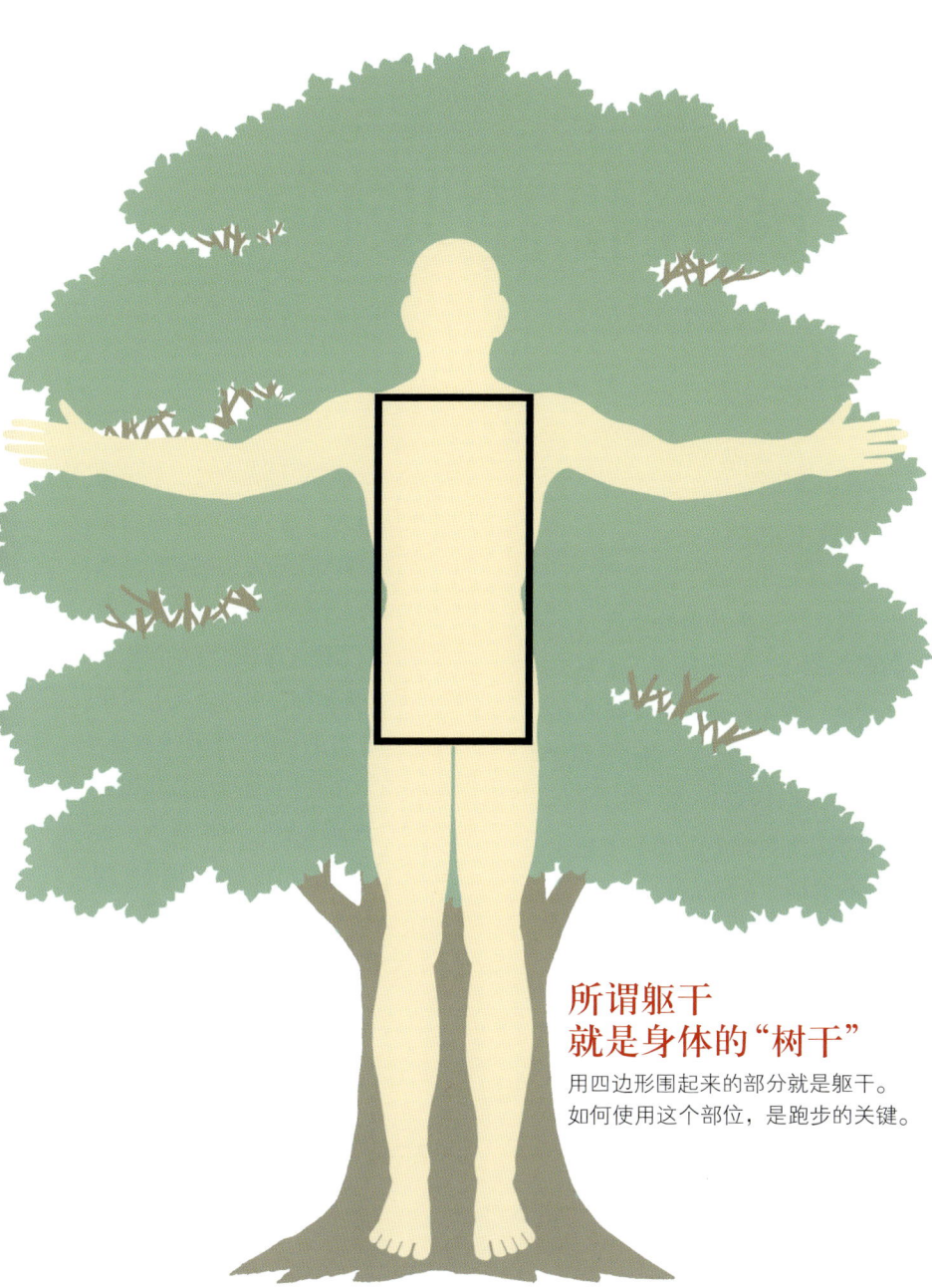

所谓躯干
就是身体的"树干"

用四边形围起来的部分就是躯干。
如何使用这个部位,是跑步的关键。

第1章 什么是躯干跑步法？

原来如此！
运用躯干
就能轻松跑步！

| 跑步原来
是这么回事！

很多人在跑步时都是在用两条腿搬运躯干。但实际上，这是大错特错的。如果心里想着向前搬运躯干的话，跑步时就会变得步伐沉重。

让我们试着思考一下"跑步"这件事。如果能给身体装上轮子的话，只要推一下就能往前走了，但问题是，我们的身体上并没有轮子可以用。因此，虽然看上去好像是应该用腿的力量将躯干向前搬运，但实际上存在着效率更高、更轻松的跑步方法。这就是"躯干跑步法"。

它的原理非常简单。假设有一个物体，它的重心是位于前部的。那么，如果这个物体弹起来，结果会怎样呢？在弹起来的瞬间，由于物体的重心位于前方，因此它会在空中前进，然后着地。然后再继续弹起来向前行进，着地，重复上述动作的同时逐渐前行。（参考下方插图）在"躯干跑步法"当中，通过躯干的肌肉用力，人从头到脚都位于一条线上，（参考下一页下方的插图）笔直地着地。着地时越笔直，来自地面的反作用力就越大，进而会转化为推进力。为了使重心靠前，可以让身体和骨盆稍稍前倾，之后的事情交给惯性就好了。这样就能跑得特别轻松。

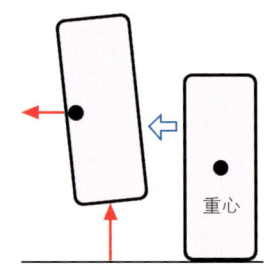

只用腿跑步

跑步时上下半身各自为政。这样的话，无论怎样摆臂和抬腿，都无法高效地将身体向前搬运。膝盖和腰部等部位的负担还会加重。

躯干跑步法

着地时上半身笔直地位于腿部上方，要点是从头到脚都在一条线上。重心稍稍靠前。这样能够跑得很轻松。

第1章 什么是躯干跑步法？

躯干跑步法
让跑步变得更有趣

「跑步变得更快、
更轻松、也更有力了」

"稍微跑一下就累了，气喘吁吁的""虽然我很想提高速度，但是却做不到""跑步后体重也没减轻"，等等，跑步者有着各种各样的烦恼。无论对初学者还是跑步熟手，"躯干跑步法"都能够消除他们的烦恼。

列举一些优点吧：

①活动变得顺畅，跑步变得轻松了。
②能够预防腿部和腰部的疼痛。
③提升了跑步能力，跑步需要的时间缩短了。
④消耗的热量增加了，可以更好地实现塑形。

并且，通过减轻腿部和腰部的负担，能够预防产生严重的肌肉疼痛。

此外，以参加比赛为目标的跑步者正在逐年增加。如果能掌握轻松进行长距离跑的"躯干跑步法"的话，即使是现在已经放弃了这个想法的人，也能真正实现参加比赛的目标。

"躯干跑步法"的优点

1 利用地面反馈的力轻松地跑步

运用躯干的话,即使不用力踩踏地面或者蹬地面,身体也会自然前进。这种方法能够将着地时的冲击力转化为推进力,使跑步变得轻松。

2 减轻腿部的负担,预防伤病

跑步时着地产生的冲击力大约相当于体重的3倍。如果使用"躯干跑步法"的话,就能够减轻膝盖、脚腕和腰部的负担,预防跑步者常见的腰腿伤病的发生。

3 提升跑步能力,缩短完成时间

这种方法不光用到腿,背部、腹部和臀部的肌肉也得到了充分的运动,因此跑步时动作就会变得强有力,步幅也会自然加大。其结果就是跑步的速度得到了提升。

4 增加热量消耗,实现塑形

人体内消耗热量最多的就是肌肉。由于躯干部位集中了大块的肌肉,其消耗的热量也就更多,因此,这种方法对减肥也能起到很好的效果。

第1章 什么是躯干跑步法？

测试一下自己的躯干力吧

躯干力越强，身体的活动能力就越强

让我们测一下自己的躯干力吧。

在本书中，把躯干能够充分活动的能力叫作"躯干力"。躯干力越高的人，就越能够充分运用躯干。

躯干力的高低与跑步经验和耗时之间不存在必然的比例关系。此外，与迄今为止是否有运动经历也没有关系。

我指导过很多业余跑步爱好者、演艺界人士和模特进行跑步。从以往的经验来看，即使是能用3小时左右跑完全程马拉松的人当中，也有一些人的躯干力是很弱的。与此相反，在几乎没跑过步的人当中，也有的人躯干力很强。

有趣的是，躯干力较强的人即使原来没有跑过步，也能很快掌握跑步的诀窍，只要稍加练习就可以跑得很轻松。

与此相反，躯干力较弱的人，大多无论怎么努力奔跑都很难提升跑步水平，屡屡碰壁。

因此，请试着用下面的3个项目来测测你的躯干力水平吧。但是，无论结果如何，请都不要心灰意冷。

只要尝试第2章介绍的方法，任何人都能切实地提高躯干力。就请把这个测试当作提升躯干力的起点吧。

☑ Check ❶
坐在椅子上，
双腿抬起，保持平衡。
哪里会感觉到疼痛？

Let's Try!

坐在没有椅背的椅子上，背部挺直，上半身稍向后倒，双腿抬起。双手在胸前交叉。在保持平衡的同时坚持20秒，此时哪个部位会觉得不舒服？

诊断
A. 无法坚持20秒 —— 0分
B. 大腿前侧的肌肉 —— 5分
C. 腹部肌肉 —— 20分

☑ Check ❷
一口气上台阶。
哪里会感觉到疼痛?

Let's Try!

在车站或者过街天桥上,一口气上20级以上的台阶。结束时身体的哪个部位会觉得不舒服?

诊断

A. 大腿前侧的肌肉 ……………………… 0分
B. 腿肚子的肌肉 ………………………… 5分
C. 大腿前侧和腿肚子的肌肉 …………… 5分
D. 哪里都没有不舒服 …………………… 20分

☑ Check ❸
单腿站立。
能站得稳稳的不摇晃吗?

Let's Try!

用手握住脚腕,单腿站立。保持身体笔直,坚持1分钟。可以根据自身情况随意选择左腿还是右腿进行测试。你能坚持站立1分钟吗?

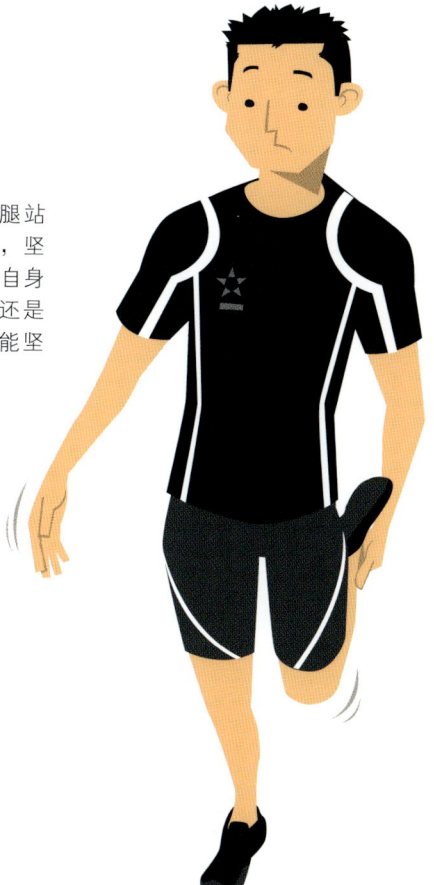

诊断

A. 坚持不到1分钟就变成双腿站立了 ········· 0分
B. 虽然摇摇晃晃的,但是能坚持单腿站1分钟 ··· 5分
C. 不会摇晃,能轻松坚持站1分钟 ··············· 20分

诊断结果详见第14~15页

诊断结果 你的躯干力处于

Check ❶ ~ ❸ 的总分为 0～10分

躯干力　5%

躯干力相当弱！在跑步之前，日常生活中应该也容易感到疲劳，体力较差。需要对躯干的肌肉力量进行强化，提升躯干力。应该能感觉到身体变轻了，身体的变化用肉眼也看得到。

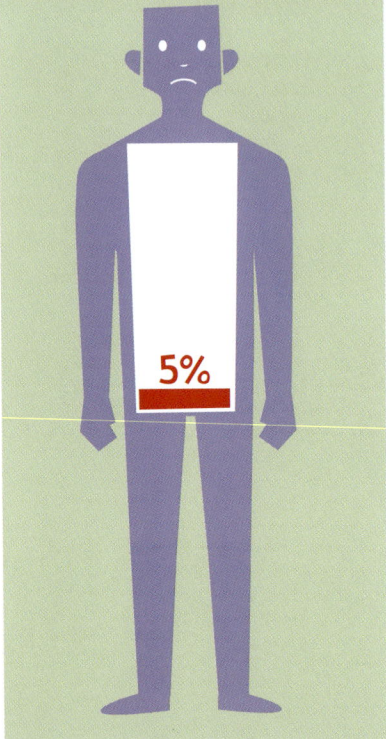

Check ❶ ~ ❸ 的总分为 15～30分

躯干力　40%

躯干力较弱。虽然可以进行轻微的短跑，但长时间跑步的话，恐怕会出现疼痛和伤病。要从牢记运用躯干的诀窍开始改变。具备充足的躯干力之后再开始跑步才是明智的选择。

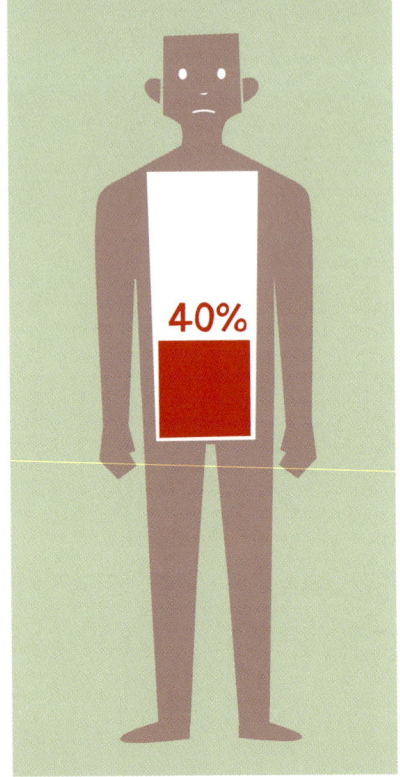

何种水平？

将Check❶~❸的分数加起来，通过总分来判断你的躯干力处于何种水平。

Check❶~❸的总分为 40~45分

躯干力 60%

具备一定的躯干力。但是肌肉的位置和使用方法存在偏差，有可能有一部分肌肉没能充分活动。如果躯干上的肌肉能够均衡活动的话，躯干力能够切实得到增强。

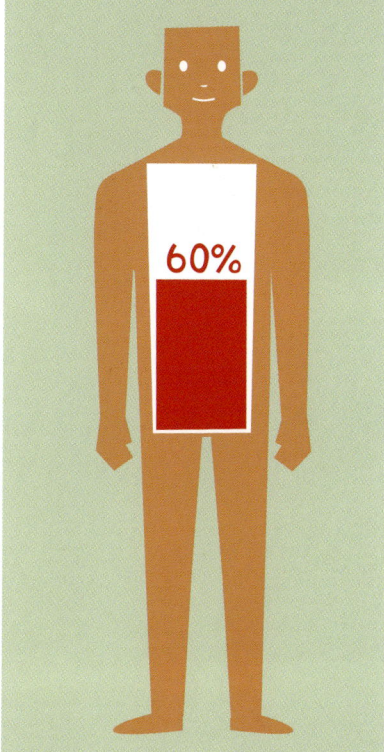

Check❶~❸的总分为 满分60分

躯干力 90%

你就是平时充分运用了躯干的人。腹部、背部和臀部的肌肉都处于正确的位置，能够充分发挥其功能。这与是否有运动经验无关，你具备可以与专业运动员比肩的躯干力！

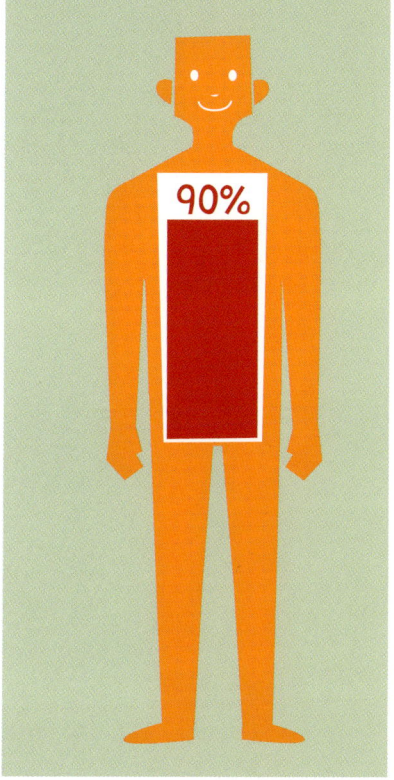

第1章 什么是躯干跑步法?

躯干关键词 ❶
位于肚脐的下方身体的中心点【丹田】

想要运用躯干,就必须要调整身体的平衡。因此,要意识到一个部位:丹田。

所谓丹田,是中医中的一个穴位,位于肚脐下方4~5cm处。这里是双腿行走的人类的身体中心,也是身体的重心所在。

为了充分保持躯干的正直,避免丹田上下左右移动十分重要。不需要腹肌整体用力,只要意识到肚脐下方4~5cm处就可以了。

虽说如此,但是一开始想要有"意识到"这个感觉也还是很难。首先按照下一页的方法,牢记让身体的轴心稳定。掌握了诀窍后,就能自然而然地意识到丹田所处的位置,使身体轴心稳定,保持笔直的姿势了。

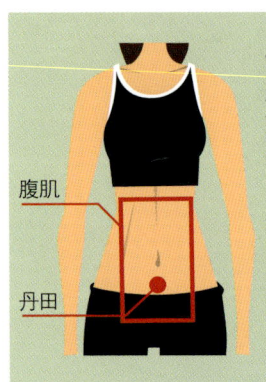

腹肌
丹田

与腹肌的区别
腹肌是指从上腹到下腹区域纵向生长的肌肉。丹田指的是其中的一点。需要注意的是,只要腹部用力,就会导致一直到上腹都用力了。

意识到丹田的诀窍

将意念集中在丹田处的话，被推一下也不会倒

双脚打开至与肩同宽，将意念集中在丹田处，感受丹田下沉。身体轴心稳定，即使被稍微推一下也不会倒。

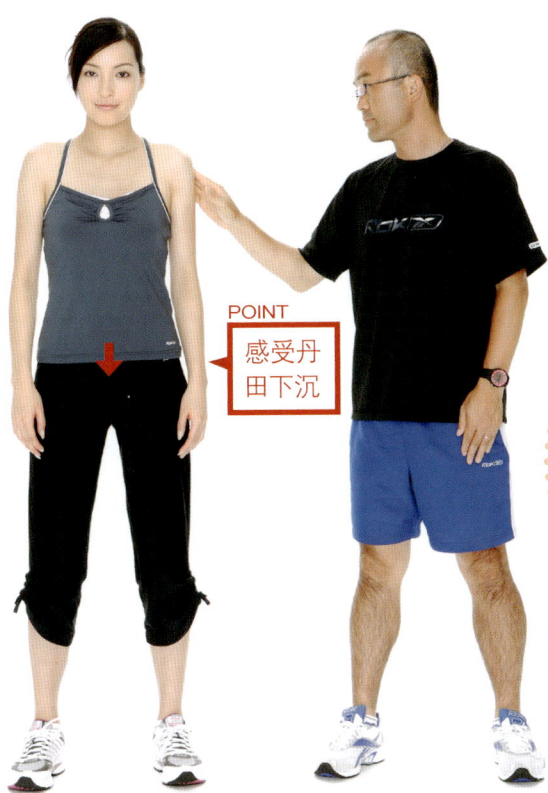

POINT
感受丹田下沉

NG

如果没有意识到的话

没有意识到丹田，不用力的话，重心就会提高，身体的稳定感随之消失。这样一来，被推到的时候就会站不住。

这种时候也要意识到丹田

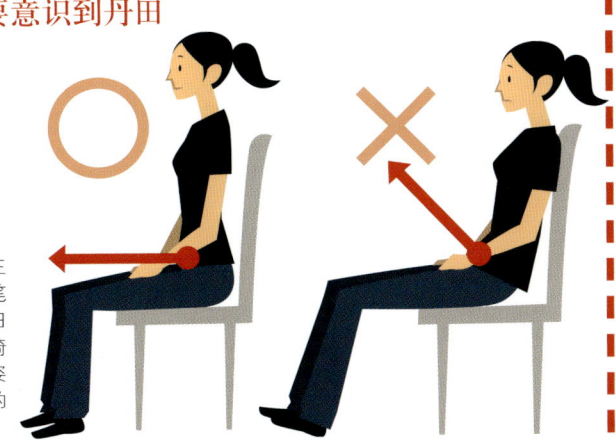

坐在椅子上

将肚脐朝向身体的正前方，背部保持笔直。如果意识到丹田的话，即使不使用椅背，也能轻松保持姿势。箭头表示丹田的朝向。

第1章 什么是躯干跑步法？

躯干关键词❷
跑步时最初活动的部位【肩胛骨】

需要意识到的第二个要点就是肩胛骨。在我的跑步教学中，经常会提到"用背部去跑步"，这时发挥重要作用的就是肩胛骨及其周围的肌肉。

肩胛骨是位于背部左右两侧肩部下方的扁平状的骨头。在跑步过程中，这里是"拉动肘部"这个动作的起始点。做这个动作时，左右肩胛骨向内夹紧很重要。

这个动作能够促进骨盆的活动，使躯干顺畅地向前行进。通过拉动肘部，使上半身到下半身的运动自然连贯。

对于从事伏案工作（需要在身体前方进行的工作）较多的现代人而言，基本上没有什么机会进行夹紧肩胛骨的练习，因此会导致肩胛骨的活动变得不自如。请牢记肩胛骨夹紧时的感觉。

感觉好像挥动背部的翅膀一样！

如果跑步时肩胛骨也活动的话，身体会变得出乎意料地轻盈，跑步也变得轻松起来，能够像在挥动背部的翅膀一样轻快地跑步！

意识到肩胛骨的诀窍

如果没能意识到的话

双肩向前探出，背部变弯，形成驼背。腹部和臀部的肌肉处于松弛状态。

以背部为中心，夹紧肩胛骨

左右肩胛骨朝着脊椎骨的方向夹紧。这样一来，胸部会被打开，背部得到拉伸。在日常生活中也要意识到这一点。

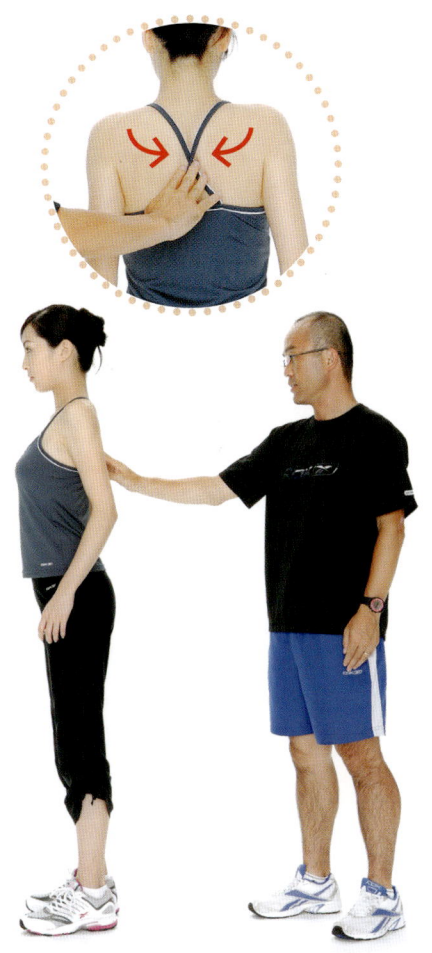

对于肩胛骨周围较硬的人，拉伸训练很有效

背部整体拉伸

双手在身体前交叉，拉伸手臂。左右肩胛骨打开的同时，背部弯曲，肩部尽量向前探出。保持这个姿势8秒。

第1章 什么是躯干跑步法？

躯干关键词❸
利用上半身的活动带动下半身【骨盆】

第三个要点是骨盆。骨盆连着脊椎骨和大腿上的股骨，关联着上下半身的活动。

从肩胛骨开始的活动在向下半身传导的过程中，骨盆的活动是不可或缺的。然而，对于活动骨盆的机会较少的现代人来说，抓住这种感觉恐怕是件难事。

在这里希望大家尝试的是使骨盆"前倾"。如果骨盆保持后倾的姿势，那么腿就会比上半身更靠前，因此导致骨盆无法活动。请尝试按照下一页提供的方法使骨盆前倾，进行活动骨盆的练习。

在"躯干跑步法"当中，是通过骨盆和身体整体的前倾来控制重心，因此请牢牢把握使其前倾的感觉。

骨盆活动起来是什么感觉？

类似于草裙舞当中扭动腰部的动作。试着上半身保持不动，前后左右扭动腰部。这就是骨盆顺畅活动的感觉。

意识到骨盆的诀窍

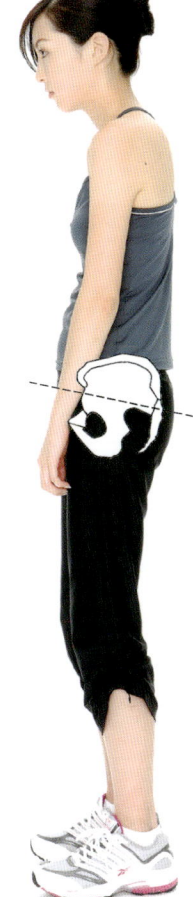

将上半身笔直地置于骨盆之上

NG

骨盆处于后倾状态

骨盆稍稍前倾

腹部和臀部用力,有向上提拉臀部后方的感觉时,骨盆就处于前倾状态了。此时能感觉到背部自然拉伸,脊椎骨笔直地位于骨盆的上方。这个姿势可以使骨盆充分活动。

腹部和臀部没有用力,骨盆处于后倾的状态。腿比上半身更靠前,这种状态下即使想要活动骨盆,也无法做到很好地活动。

使骨盆周围柔软的方法

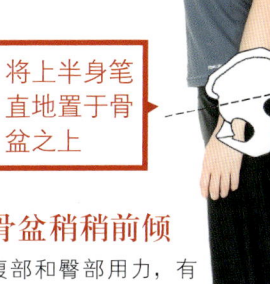

拉伸腿的根部

俯卧在地上,右手握住右脚腕。使脚腕向臀部方向慢慢靠近,直到膝盖稍稍离开地板的程度,拉伸腿的根部。左右各坚持8秒。

呼啦圈练习

双脚打开与肩同宽,双手置于腰部。就像在转呼啦圈一样,骨盆横向画"8"字转动。转动10圈后再反方向转动10圈。

COLUMN

科学证实躯干跑步法的巨大优点

运用躯干跑步法可以跑得更快!

让同一名选手分别采取运用躯干和不运用躯干这两种方式跑步,测量从脚跟着地开始,一直到脚尖离地的时间。结果发现,"躯干跑步法"的触地时间要短0.01～0.02秒。

在跑步过程中,触地时间越短,跑步的速度就越快。此外,由于速度和力量是成比例的,因此触地时间越短,从地面反作用的力就越大,越能有力地跑步。可能有人会认为差别不过是区区的0.01～0.02秒而已,但在着地时,足部触地的时间平均约为0.2秒,在0.2秒中缩短0.01～0.02秒,意义是非常大的。

数据已经证明了使用"躯干跑步法"比"只用腿跑步"跑得更快,也更有力。并且,由于是躯干承受了地面反作用的力,因此即便是跑得很快,身体的负担也会减小。

实验内容

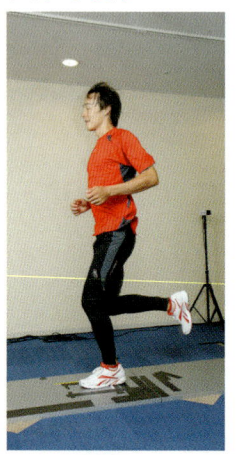

在一种叫作测力台的测量仪器上"运用躯干跑步"和"只用腿跑步"。测量着地时的触地时间。(①→②→③)

单位:1/200秒

鞋的种类	不运用躯干	运用躯干
Reebok TAIKAN IB	44	40.5
Reebok TAIKAN NK	43	41.5
Reebok 其他鞋款	46	42.5

※数值为平均值

穿上3种不同的鞋子进行实验。运用躯干跑步时,能够缩短足部的触地时间。
(资料提供/株式会社Reebok Japan)

第 2 章

唤醒躯干吧

躯干力与年龄和运动经验无关，
任何人都能提升躯干力！
首先从唤醒沉睡的躯干开始吧。

开启躯干肌肉的开关——躯干训练

唤醒沉睡的躯干

训练经常被认为是以锻炼肌肉、提升肌肉力量为目的的，但是这里提到的训练并不是提升肌肉力量的训练。这里的训练目的在于开启很久没有活动的肌肉的开关。

前面已经说到过，为了能够轻松、快速、有力地进行跑步，运用躯干上的大块肌肉非常重要，但可能很多人无法一下子就让这些肌肉活动起来。其原因并不在于"肌肉力量不足"，而是在于"肌肉还处于沉睡之中"。在日常生活中，躯干的肌肉并没有得到充分的利用。

这组练习由 9 个步骤组成。如果认真练习的话，就能够开启躯干上的肌肉的开关，使身体感觉到出乎意料的轻盈。越是平日里不怎么运用躯干的人，就越能感受到这种变化。

此外，如果能唤醒躯干上所有肌肉的话，就能够轻松保持理想的身姿。长时间形成的不正确的姿势和跑步的坏习惯也会自然得到矫正。

试着体验前所未有的轻快、不知疲倦的跑步感觉吧。

无论是从现在开始跑步的人，还是有过跑步经验的人，都请重新整理思路，开始训练吧。

SWITCH OFF!

躯干处于松弛状态的身体

9步躯干训练

SWITCH ON!

开启了躯干肌肉开关的身体

第2章 唤醒躯干吧

躯干训练 5个心得

那么,现在开始活动身体吧。在此之前,为了使训练的效果能充分被激发出来,先介绍几个小窍门。

1 跑步前必须要进行

如果在躯干被唤醒的状态下跑步,大块肌肉的运用使你能够轻松有力地奔跑。在跑步前必须要进行"躯干训练",打开肌肉的开关。

2 在不跑步的日子里也要养成习惯

也可以有些日子不跑步。但是,这时也不要偷懒,放弃躯干训练,要坚持强化跑步时会用到的肌肉。

3 意识到开启了开关的肌肉

从第31页开始介绍的各项训练当中,用插图的形式展示出了应该意识到的肌肉("意识到这里!")。不要只关注身体的活动和形态,还要意识到是否对相应的肌肉起到了效果。

4 与增加次数相比,认真练习更重要

由于训练的目的在于打开肌肉的开关,因此没有必要盲目增加练习的次数,而是应该每个动作都一次次地认真加以练习。

5 作为比赛或训练的热身

在长时间跑步时,后半程会感觉到疲劳,躯干的活动也会变得不理想。为了防止这种情况的发生,在跑步前请认真进行训练!

第2章 唤醒躯干吧

通过躯干训练锻炼这些肌肉

下面要介绍的是控制躯干活动的肌肉。

首先是作为"跑步"这种活动的起始点，位于肩胛骨周围的"斜方肌"。然后是保持身体轴心笔直所不可缺少的，位于腹部的大块肌肉"腹直肌"。在腹部的深处还有"髂腰肌"。这些都是向上提拉大腿、活动骨盆时用到的肌肉。

在着地后，身体整体向前推的时候，用到的是位于臀部的"臀大肌"和位于大腿后侧的"腘绳肌"。在将大腿向上提拉和着地缓冲时，是位于大腿前侧的"股四头肌"在发挥作用。

这些就是"躯干跑步法"中用到的大块肌肉。理想状态是能够把这些肌肉都均衡地利用起来。

腹部
（腹直肌）

腹部内侧
（髂腰肌）

大腿前侧
（股四头肌）

背部
（斜方肌）

臀部
（臀大肌）

大腿后侧
（腘绳肌）

躯干上的肌肉具有这样的性质！

1 是大块的肌肉

背部、腹部和臀部的肌肉，是身体当中大块肌肉的代表。与只用腿部的小块肌肉跑步相比，使用大块肌肉当然更难产生疲劳。

2 是力量和推进力的来源

大块肌肉是产生巨大力量的原动力。如果能强有力地奔跑的话，就能够缩短所需的时间。

3 能够通过练习得以开发

在位于躯干部位的肌肉当中，有一些是在日常生活中几乎用不到的。通过反复进行"躯干训练"，任何人都可以变得习惯使用这些肌肉。

躯干训练的 9 个步骤

每天 5 分钟，唤醒沉睡的肌肉

无论是刚刚开始练习跑步的初学者，还是以缩短所需时间为目标的中高级跑步爱好者，都请尽量养成每天坚持训练的习惯。

每天拿出 5 分钟就能进行全部的训练，因此，请在有时间的时候轻松地开始尝试。

在跑步时，推荐把这组练习作为热身运动的一部分，放在舒缓关节、拉伸肌肉之后进行。

如果能在平时坚持训练的话，躯干肌肉的开关就会很容易处于开启状态。

躯干训练 STEP 1
基本姿势

意识到这里!

双手保持刚好位于身体的侧面

拉动肘部时，保持双手刚好位于身体的侧面。如果双手的位置比身体更靠前，则训练无法作用于背部的肌肉。肩关节僵硬的人双手很容易跑到身体前面，要特别引起注意!

NG　OK

POINT
夹紧肩胛骨

不仅是把肩部向后拉，而且要让左右肩胛骨夹紧。这样一来，位于背部的斜方肌就被唤醒了。

这是作为充分运用躯干、保持笔直身姿的基础训练。

使左右肩胛骨朝向脊椎骨的方向夹紧，胸部打开，保持正确的姿势。不仅肩部，也请同时充分活动背部的肌肉。

对于跑步的影响

保持身体轴心

保持作为躯干运用基础的正确姿势。

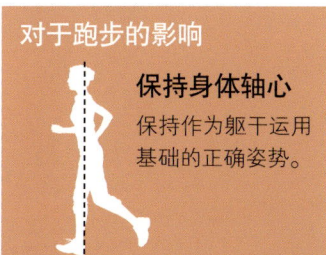

双脚打开至与肩同宽，笔直站立，双臂向正上方举起。左右肘部弯曲，胸部打开的同时，肘部猛然向后拉。利用背部的肌肉使左右肩胛骨夹紧。

20次为1组，进行1~3组

31

躯干训练

大腿前侧肌肉训练

STEP ❷

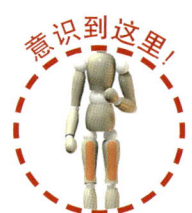
意识到这里!

在跑步过程中,大腿前侧的肌肉非常重要。在容易疲劳的"只用腿跑步"的跑步方法当中,就是只对这个部位的肌肉造成了负担。

在"躯干跑步法"当中,着地时造成的冲击首先由这个部位捕捉到,然后被躯干充分吸收。

虽然大腿不属于躯干的一部分,但是也需要进行充分的强化。平日里不经常走路的人尤其要认真进行锻炼。

1
双脚打开至与肩同宽,笔直站立。双手的侧面放在大腿根部。

POINT
双手的侧面放在大腿根部

POINT
双脚打开至与肩同宽,脚尖朝向身体的正前方

脚尖朝向身体的正前方,不要向内或者向外偏。

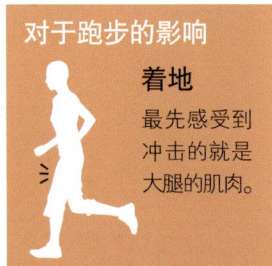

对于跑步的影响

着地
最先感受到冲击的就是大腿的肌肉。

第1章　第2章　第3章　第4章　第5章

2

尽量保持背部挺直，膝盖弯曲，腰部下沉。没有必要勉强弯曲太多。慢慢使膝盖弯曲呈直角，然后恢复初始状态。

20次为1组，进行1~3组

POINT
弯曲时，手好像被夹住了一样

POINT
大腿前侧的肌肉感觉到紧张就可以了

POINT
膝盖和脚尖朝向身体的正前方

膝盖不要向内或者向外！

NG

弯曲时，膝盖与脚尖一样，朝向身体的正前方。这样一来，就能够使大腿前侧的肌肉得到充分的训练了。

弯曲时，如果膝盖向外（右侧照片）或者向内（左侧照片），就无法用到大腿前侧的肌肉，会导致训练效果锐减！

躯干训练　STEP ③
大腿后侧肌肉训练

意识到这里！

抬起脚跟，或者将身体向前推进的原动力是大腿后侧和臀部的肌肉。平日里很少走路的人当中，大部分人基本用不到这里的肌肉，进行这组练习也会感到困难。

一开始可以少做几组，但是一定要抓住要点，认真练习。

1

双脚打开至与肩同宽，笔直站立，双手放在腰部。

POINT

双脚打开至与肩同宽，脚尖朝向身体的正前方

对于跑步的影响

身体向前推出

着地后的下一个瞬间，起到将身体向前推出作用的就是大腿后侧和臀部的肌肉。

（20次为1组，进行1~3组）

如果背部弯曲的话，就无法给予大腿后侧刺激。背部挺直，臀部就会凸出来。

弯着背则无法作用到大腿后侧

NG

POINT
弯曲时，注意膝盖不要超过脚尖

如果膝盖超过了脚尖，就会导致拉伸的不是大腿后侧的肌肉，而是大腿前侧的肌肉。注意保持膝盖的位置。

POINT
感觉到臀部向后凸出

POINT
大腿内侧感觉到紧张就说明有效果了

2

好像坐在椅子上一样，臀部向后凸出，膝盖弯曲。背部挺直，膝盖不要超过脚尖。从大腿内侧到臀部的肌肉感觉到紧张就说明有效果了。

无法做到的人用这种方法

膝盖弯曲时，膝盖会超过脚尖的人，推荐用这种方法。利用桌子等，可以更容易地保持上半身的平衡。

1
在桌前双脚打开至与肩同宽，笔直站立，双手抓住桌子。

2
膝盖慢慢弯曲，使臀部向后凸出，进行拉伸。身体与桌子保持一定距离，防止上半身向前倒。

躯干训练　STEP

转体训练

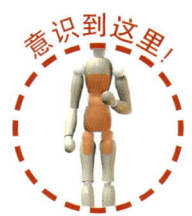
意识到这里!

在"躯干跑步法"当中，不是单单用腿，而是利用全身的活动将身体向前搬运。因此，上半身和下半身的联动非常重要。

这组练习可以使骨盆周围变得柔软，对于抓住上半身和下半身联动的感觉有一定的效果。

此外，这也是保持身体轴心笔直的训练。如果身体轴心被破坏的话，身体就会变得摇摇晃晃的。意识到丹田的存在，感觉身体里好像有一根柱子贯穿全身一样来保持轴心的稳定吧。

1

背部挺直站立。视线朝向身体正前方。感觉到丹田下沉，使重心降低。由于肩部上耸会导致重心随之升高，因此要保持放松。

POINT
有意识地使重心向正下方下沉

对于跑步的影响

上半身和下半身的联动

肩胛骨的活动被顺畅地传导给骨盆，与下半身的活动联系在一起的时候，这个动作非常重要。

NG 肩部和腰部向同侧转动是错误的！

肩部和腰部向同侧转动的话，就无法进行转体训练了。保持面部朝向身体的正前方，保持"转动腰部"的意识。

2

轻轻跳跃，肩部、腰部、腿部摆动的同时扭转身体。右肩向前时右侧腰部下沉，脚尖朝向右侧。有节奏地重复进行。

POINT 保持面部朝向身体的正前方

POINT 保持身体轴心笔直

左右各一次作为1次，20次为1组，进行1～3组

POINT 着地的脚位置固定，不要左右移动

躯干训练　STEP ❺
摆臂训练

意识到这里！

正确摆臂的要点在于，不仅手臂，肩胛骨也要一同活动。然而，如果由于伏案工作等情况的影响，肩胛骨周围的肌肉变得僵硬，就会导致肩部和背部的活动变得不自如。

这组练习可以使从肩部到背部的肌肉变得柔软，使肌肉得以有效利用。不仅是举起手臂，也请认真感受肩部和背部的变化。

POINT　面部朝向身体的正前方

POINT　像第31页讲过的那样，站立时胸部打开

对于跑步的影响

摆臂
对于拉动肘部，充分活动肩胛骨的动作有重要意义。关系到身体轴心稳定的保持。

1
双脚打开至与肩同宽，笔直站立。面部朝向身体的正前方。肩部放松，不要用力。

躯干训练　STEP 6
踏步训练

意识到这里！

着地是"躯干跑步法"当中非常重要的一个动作。这组练习就是用来帮助大家熟悉正确的着地感觉的。

要点在于将上半身置于已经着地的那条腿的正上方。请按照固定的节奏踏步。

不要忘了好像有一根柱子贯穿全身的感觉。容易摇晃的人要意识到丹田的存在，避免重心上移，保持身体的稳定。

START 1

对于跑步的影响
着地
记住用躯干吸收着地时冲击的感觉，稳定着地。

胸部打开，背部挺直站立。肘部微微弯曲，摆臂的同时左右腿交替踏步。"1、2、3"有节奏地踏步，到"3"的时候停止活动。左右交替进行。

着地时晃动是错误的!

这证明没能保持身体的轴心笔直。将意识集中在丹田处,保持笔直的姿势。

2

3

左右各一次作为1次,20次为1组,进行1~3组

POINT

感觉到脚底充分抓住了地面

用整个脚底均衡地承载体重。感觉到脚底充分抓住了地面,以保持身体的稳定。

躯干训练　STEP 7

腰部抬起训练

支撑骨盆顺畅活动的是位于腹部深处的髂腰肌。这组练习的作用就是开启髂腰肌的开关。

髂腰肌的作用包括使骨盆活动、向上提拉腿部、保持正确的身姿等，但是在现代人当中，有一部分人几乎不会用到它。腹部下方用力，不使用除腹部以外的肌肉使腰部抬起。无法做到的人请用椅子辅助练习。

1 仰卧，腿部抬起，膝盖微微弯曲。双臂平放在身体两侧，手心向下，将意识集中在丹田处。

POINT
肌肉力量较强的人可以把手放在头部下方

对于跑步的影响

活动骨盆
迅速将上半身置于着地一侧腿的上方，通过骨盆的活动转化为推进力。支撑骨盆运动的就是髂腰肌。

2

POINT 有节奏地进行"1、2"

10次为1组，进行2～3组

腹部猛地用力，使腰部瞬间从地板上抬起。感觉好像腿部向正上方抬起。注意不要使用大腿的肌肉，也不要利用腿的反作用力。

POINT 腿部向正上方抬起

POINT 意识到丹田

把腿朝着头部的方向摆动是错误的

NG

弯着腰，把腿朝着头部的方向摆动是错误的。这样一来，会导致腹部没有用力，完全没有用到髂腰肌。

无法做到的人用这种方法

这组利用到了髂腰肌的动作，有些人起初可能难以完成。这样的人可以试着把脚放在椅子上，然后把腰抬起。感受一下用到髂腰肌的感觉。

1 在脚边放一把椅子，仰卧在地板上，把脚放在椅子上。膝盖部位和腰部都呈直角。

2 丹田用力，只凭借腹部的肌肉力量将腰部慢慢抬起、放下。与抬起时相比，放下时所需的力量更大，需要保持用力，慢慢放下。

躯干训练 STEP 8
腹肌训练

意识到这里！

腹肌是指位于整个腹部的大块肌肉。在"躯干跑步法"当中，下腹的腹肌尤其重要。如果不利用这里的肌肉，在着地时和骨盆活动后，就无法推动腿部猛地向前，进而变成没有推进力的"只用腿跑步"。

这组练习对下腹的肌肉尤其有效。把手放在下腹的位置，一边确认下腹的肌肉是否处于紧张状态，一边练习吧。

1

双脚并拢，仰卧在地板上，双手指尖轻轻置于下腹部位。将意识集中在丹田，背部不要过度挺起。

POINT 从不用力的状态开始抬起

POINT 双手置于下腹部位

侧面看是这样的

对于跑步的影响
腿向前迈出 
骨盆活动后，腿向前迈出的动作用到的就是这里的肌肉。

10次为1组，进行1~2组

POINT
注意膝盖不要弯曲

POINT
只利用下腹的肌肉使双腿抬起

如果大腿感觉到疼痛，则说明没有用到下腹的肌肉 NG

侧面看是这样的

2

下腹用力，只凭借腹部的肌肉将双腿抬起。膝盖保持伸直。如果有腹部肌肉抽筋的感觉就对了。重复此动作。

无法做到的人用这种方法

腹肌较弱的人，可能出现腿完全无法抬起，或者只能抬起一点点的情况。这种情况下，请采取单条腿分别抬起的方法，下腹用力进行练习。

POINT
手放在抬起一侧腿的大腿根部位

1

仰卧在地板上，双手放在即将抬起的一侧腿的大腿根部位。

2

只利用腹部的肌肉将一条腿抬起。注意膝盖不要弯曲。左右交替1次作为1组，进行1~3组。

躯干训练　STEP ❾
腿部抬起训练

意识到这里！

这是刺激臀部肌肉的运动。臀部肌肉的作用与大腿后侧肌肉相同，都是将身体向前推。如果臀部肌肉松弛的话，就会导致跑步过程中上半身留在后面，姿势变得不正确。

由于臀部肌肉是非常大块的肌肉，因此如果得到锻炼的话，跑起步来力量会有很大的加强，还可以起到提臀的作用，因此请认真进行练习。

侧面看是这样的

1
俯卧在地板上，双手重叠放在下颚处。

对于跑步的影响

将身体向前推

着地后，骨盆活动的下一个瞬间用到的就是这里的肌肉。与大腿后侧的肌肉一样，起到将身体向前搬运的作用。

> **背部过度挺起是错误的！**
>
> 如果背部过度挺起，会导致不仅臀部，背部也同时用力了。背部容易过度挺起的人最好把腿放在桌子或椅子上。

POINT 臀部收紧

2 臀部猛地用力，只凭借臀部肌肉的力量使双腿抬起。慢慢重复"抬起、放下"的动作。

20次为1组，进行1～3组

侧面看是这样的

无法做到的人用这种方法

臀部难以用力、腿部无法抬起的人，可以把腿分开，让练习变得轻松。感受一下左右两侧臀部分别用力的感觉。

1
俯卧在地板上，双脚打开至与肩同宽。双手重叠放在下颌处。

2
臀部用力，慢慢把腿抬起来再放下去，重复此动作。

在日常生活中锻炼躯干

一直站着、在公交车上、走路的时候……

　　这里要介绍的是在日常生活中也能进行的简单运动。

　　这些都不需要用到特殊的器械，可以轻松完成，因此特别推荐给没有多余时间锻炼的人。

　　平日里就注意刺激躯干的肌肉，体会腹部和臀部用力的感觉，到了跑步的时候，自然而然就会用到躯干了。

　　此外，在没有充足时间练习跑步，以及雨天或者酷暑下无法长时间跑步的时候，通过这些运动也可以起到与跑步一样锻炼躯干的效果。

　　如果想保持第 31～47 页介绍的"躯干训练"的效果，请一定注意下面的动作，认真加以练习。

一直保持站立
① 芭蕾站姿

笔直站立的练习。请一定不要忘记腹部和臀部用力,保持身体轴心的笔直。

效果
① 身姿变得好看
② 有提臀作用

笔直站立,胸部打开,双脚脚跟并拢。脚尖尽量向外张开。腹部收紧,左右两侧臀部夹紧。尽量保持这个姿势。

POINT 双脚脚跟并拢,脚尖尽量向外张开

POINT 臀部向内夹紧

在公交车上
❷ 用躯干站立

用躯干站立可以使重心稳定，身体不会随车子的晃动而摇晃。请在不妨碍他人的前提下尝试练习。

效果
① 身体保持轴心笔直
② 重心稳定

POINT
意识到丹田！

站立时不抓着吊环，双腿均衡地承载体重。意识集中，气沉丹田，使重心稳定。

走路的时候
❸ 利用骨盆走路

平日里走路时，不是从大腿根部开始活动，而是有意识地从骨盆开始活动，使骨盆前倾。

效果
① 使骨盆的活动变得柔软
② 通过骨盆前倾，使身体姿态得以改善

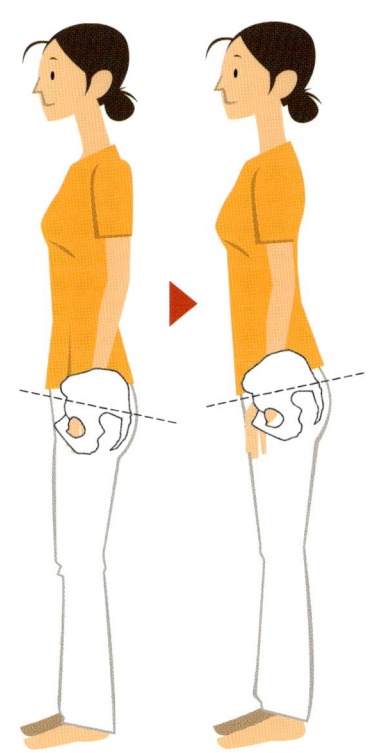

首先，使骨盆前倾
丹田处用力，使臀部向后的同时能够使骨盆前倾。

利用骨盆走路
保持骨盆前倾，使骨盆的左右两侧分别向前开始走路。不要使用髋关节，而是从骨盆处把腿提起来向前推。

上台阶的时候
④ 利用骨盆上台阶

平时习惯只用腿上台阶,现在试着用骨盆走走看吧。将体重落在上面,把腿抬上去。

> **效果**
> ① 使骨盆的活动变得柔软
> ② 抓住用骨盆承载上半身的感觉

利用了骨盆的活动

没有用到骨盆的活动

不是只有腿在活动,而是从包括腰部在内的骨盆处开始将腿提起来,踏上上一级台阶。要点在于每登一级台阶都是骨盆在承载体重。慢慢攀登,不要受反作用力的影响。

利用椅子
⑤ 运用躯干的坐姿

身姿不好看的人请试一试这个坐姿。
这个姿势可以使躯干的肌肉保持处于被刺激的状态。

效果
① 矫正身姿，稳定身体轴心
② 增强腹部周围肌肉的力量

1 不使用椅背，稍稍坐在椅子上。丹田处用力，保持背部挺直的状态。

2 使重心前移，不使用双手站起来。如果丹田处用力的话，能够轻松地站起来。

这样用不到躯干

如果坐下的时候靠在椅背上的话，腹部和背部的肌肉就会处于松弛的状态。这样就会导致完全用不到躯干上的肌肉。这样是站不起来的，必须要借助手的帮助才能站起来。

COLUMN
享受乐趣的同时提升跑步能力

控制了躯干，就控制了跑步！

在进入实业团后开始试错

　　我是从中学时代开始进行田径训练的。从中学到大学，我一直都是运动员，当时并没有深入想过怎样练习才好，只是老师和教练让训练，就狂热地进行训练。这种意识上的改变发生在大学毕业进入实业团之后。

　　我进入的田径部没有教练，训练都是按照选手自己的想法来进行。我尝试了各种训练方法，有时会利用器械进行力量训练，增强全身的肌肉力量，使体形看起来强健有力。

　　通过强健肌肉，我跑很长的距离或者进行高难度训练都不容易觉得累，但是跑步的耗时却完全没有缩短。盲目地锻炼肌肉看来是错误的。

通过一位选手的低潮期，认识到了躯干的重要性

　　1992年退役后，我开始专注于以有森裕子为代表的女子选手的指导工作。这时，我狠狠地碰了一次壁。我指导的一位选手突然陷入了低潮期。

　　当时，她无论怎样跑都无法提高成绩，甚至纪录还一再变差。选手没有贫血，训练计划也没有问题，这到底是为什么呢？焦虑的我决定仔细观察她的跑步姿势。随后，我注意到了她的跑步姿势与原来取得好成绩的时

作为解说员，观察世界顶尖选手的跑步姿势，就能够明白躯干的重要性。所有的选手在比赛开始前进行准备活动的时候都会做一些开启躯干肌肉开关的活动。这是有力奔跑的基础。

候存在着怎样的差别。

  我尝试着让她重新去做一些用到躯干肌肉的辅助练习，结果她的姿势得到了明显的矫正，也迅速摆脱了低潮期。她之前无法跑出好成绩的原因其实很简单，就是没有认真进行日常对腹肌等部位的辅助练习，忘记了运用躯干的窍门。

  通过这件事，我决定必须要让选手们进行用到躯干肌肉的辅助练习。平时，训练结束后都是由选手们各自进行辅助练习，我改进了这项制度，在训练计划中改为在跑步前必须全体选手一起进行辅助练习。

  效果立刻就显现了出来，通过强化躯干的肌肉，女子选手常见的髋关节伤病明显减少了，跑步耗时也缩短了，成绩自然也就得到了提高。

业余跑步爱好者也有必要运用躯干进行跑步

  2001 年，我创建了为业余跑步爱好者提供支持的运动团体非营利组织"日本跑步者"（NIPPON RUNNERS）。第一次观战大阪国际女子马拉松赛的时候，看到业余跑步爱好者的跑步姿势，我非常震惊。

非营利组织"日本跑步者"是一个致力于为业余跑步爱好者提供支持的综合性运动俱乐部。我们的目标是在享受快乐的同时提升跑步能力,缔造健康生活。"躯干训练"是团体练习时不可缺少的训练项目。

　　与跑在前面的顶尖选手不同,后面抵达终点的运动员跑步的姿势五花八门。很多人横冲直撞,用一种仿佛要拼命的姿势在奔跑。

　　这样一来,即使努力也会受到限制,而且很有可能产生伤病和疼痛。因此,即便是以享受跑步乐趣为目的的业余跑步爱好者,也有必要运用躯干进行跑步。

　　从那以后,对于所有接受指导的跑步者,我都会教他们进行"躯干训练"。想要很好地跑步,首先要学会运用躯干,我如是说。

　　如今,作为解说员,我经常会在奥运会和世锦赛上近距离观看到世界顶尖选手跑步。我注意到了一个有趣的现象:站在起点进行赛前热身的时候,选手们其实都在进行开启肌肉开关的活动。每次看到这样的场景,我都会深切地感到我发明的练习方法是正确的。

　　"躯干训练"是我分别站在选手、教练、解说员等各种角度对跑步进行思考后发明的。如果能更早着眼于运用躯干跑步的话,可能我自己也会成为更好的选手。每次想到这里,我就会觉得有一点点遗憾呢。

第 **3** 章

运用躯干站立、走路

躯干跑步法实践篇 1

按"站立""走路""跑步"的顺序
熟悉运用躯干的感觉吧!
按顺序感知是通向"躯干跑步法"
的捷径。

第**3**章 躯干跑步法实践篇 1　　　　运用躯干站立 **①**

运用躯干，获得正确的站姿

> 运用了躯干的话，
> 即使不用力也能站得笔直

"躯干跑步法"从练习笔直地站立开始。或许很多人会觉得"这太简单了"，其实这是非常难做到的一点。

很多人即使自己已经觉得站得笔直了，但实际上身体还是会朝某一个方向倾斜。平常穿的鞋子各部位磨损情况有差别的人，或是走路时腰带、裙子会偏移的人，就是姿势没有保持笔直。

下一页上的照片就是100%开启了肌肉开关的站姿。如果站立时使用了躯干的话，即使不在特定的部位使用额外的力，也能自然而然地保持笔直的站姿。

首先，要检查自己的站姿。请一边照镜子一边检查确认自己与右侧照片上的站姿存在哪些细微的差别。如果自己检查起来比较困难的话，可以请家人或者朋友帮忙。如果长期以不正确的姿势走路的话，会导致伤病的产生。从站姿开始认真矫正是一件很重要的事情。

使用了躯干的理想站姿

- 双肩向后拉，胸部微微打开
- 腹部不要凸出来

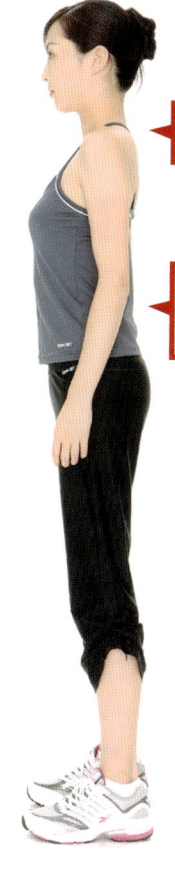

- 背部挺直
- 腰部不要过度向前挺起

这样的站立方法是错误的

过度向前挺起

腹部凸出，腰部和背部过度向前挺起的站立方法。这样会导致腹肌和臀部肌肉无法用力。

驼背

双肩向前探出，背部弯曲的驼背姿势。应该通过有意识地使肩胛骨朝脊椎骨的方向夹紧，胸部打开，背部挺直来加以矫正。

站立时体重落在一条腿上

将体重落在左右任意一条腿上的站立方法。这样有可能会导致骨盆和脊椎骨的歪斜，因此要加以注意。

第3章 躯干跑步法实践篇1　　运用躯干站立❷

确认重心的位置

> 想要站得笔直，
> 了解重心所处的位置十分重要

　　站立时的坏习惯都是在长期的生活中逐渐形成的。想要纠正这些习惯，其实是一件相当困难的事情。

　　首先，想要站得笔直，就需要意识到身体的轴心。也就是站立时感觉有一根柱子从头到脚贯穿全身。

　　要点在于使身体的重心刚好处于身体的正中间。按照下一页讲到的方法确认身体重心的正确位置吧。

　　在 STEP 1 当中，为了了解正确的轴心位置，站立时要让背部紧贴墙壁。在 STEP 2 当中，为了了解正确的重心位置，请试着左右摇摆。接下来再试着前后摇摆，这样就能找到自己的重心所在了。

　　按顺序尝试之后，你或许会发现与自己之前想的"笔直站立的感觉"不太一样。即使感觉到了些许不同，请记住，用这种方法找到的重心位置才是正确的。请让身体仔细记住这种感觉。

　　找到了正确的重心之后，身体就会变得稳定，在这种状态下，即使是被稍微推一下也不会倒。

矫正站姿坏习惯的重心矫正法

让身体记住笔直站立是一种什么样的感觉。

STEP 1 了解轴心
将身体贴在墙壁上站立

意识到重心位置的同时，将身体贴在墙壁上站立。

STEP 2 了解重心
首先左右摇摆

保持轴心笔直的同时，从脚底开始左右摇摆。保持双脚不离地。在感觉到"这样最稳定"的位置上停下来。

接下来前后摆动

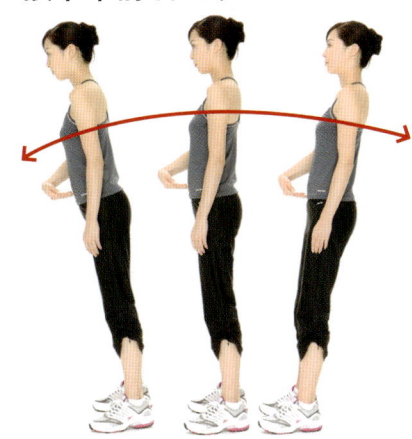

保持左右摇摆确定的中心不变，开始前后摇摆。与左右摇摆时一样，在感觉到"这样最稳定"的位置上停下来。这时得到的就是正确的重心位置。

第 **3** 章 躯干跑步法实践篇 1　　运用躯干走路

保持正确的姿势，试着走一走

> 拉动肩胛骨的话，
> 腿就会自然向前迈出

掌握了笔直站立的感觉之后，接下来让我们试着保持正确的姿势走一走吧。在实践之前，首先要掌握"运用躯干走路"的要点。

姿势与运用躯干站立时相同。背部挺直，胸部打开，肩胛骨夹紧。

开始走路时，拉动肩胛骨。肩胛骨动起来之后，同侧的骨盆就会自然向前，将活动传导到下半身，腿就会自动向前迈出。

由于我们平时很难意识到肩胛骨的活动与下半身联系在一起的感觉，因此可能很多人会感觉到意外，但是人类的身体确实是在以这样的方式进行活动（第68页也对这种活动进行了说明）。

如果使用了躯干的话，即使不刻意去注意"活动骨盆"或者"腿要笔直地踏出"，也能够顺畅地走路。

这就是100%有效利用全身机能的走路方法。只需要活动肩胛骨，就能带动骨盆活动，流畅地伸出腿，形成非常优美的走路姿势。

充分活动肩胛骨

拉动肩胛骨，骨盆就会向前

注意拉动手臂时肩胛骨的活动！

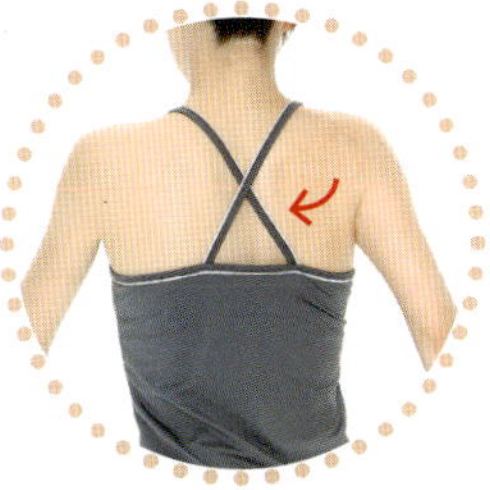

向后拉动手臂时，不仅肩部，肩胛骨也要向正中间夹紧。这个活动从背部传导到腰部，使骨盆活动。

时装模特也用躯干走路

步态优美的时装模特走路时，也是胸部打开，从骨盆开始充分带动腿的运动。这是塑造简洁的背部线条的要点。可以说，受过优美步态训练的模特也很适合去跑步呢。

第3章 躯干跑步法实践篇1　　　运用躯干走路❷

运用躯干行走时需要注意的要点

保持笔直的姿势和视线

下面就开始实践运用躯干的走路方法吧。

在第 62 页，对运用躯干的走路方法的特征进行了说明，但是并不需要刻意一一关注这些。

如果脑子里一直想着条条框框的话，走起路来就会像个机器人一样生硬，因此不要把这件事想得过于困难。

需要在走路时留意的只有两件事。一件是在第 58～59 页的"运用躯干站立①"里掌握的正确姿势。胸部打开，视线固定朝向正前方，保持笔直的姿势。

另一件是保持身体的轴心像一根柱子一样笔直，同时夹紧肩胛骨开始走路。这样就可以实现上半身和下半身的自然联动，能够利落有力地向前走。

实际尝试一下，就会领会其中的要点。上下半身无法很好联动的人请参考第 36～37 页"躯干训练"的"转体训练"进行练习，使骨盆周围变得柔软。回忆起扭动上半身的感觉，开始尝试走路吧。

活动身体的顺序

运用躯干走路时，身体按照1~4的顺序联动进行活动。最重要的要点有两点。

1 拉动肘部，活动肩胛骨

视线笔直地固定在正前方

胸部打开，背部挺直

2 被拉动的一侧的骨盆会自然向前

3 骨盆的活动被传导到腿部，腿部向前

4 从脚跟开始充分着地，承载体重

能够用到躯干的话，走路的速度可以提高

如果运用躯干走路，身体就会有一种一直向前的感觉。掌握了诀窍的话，走路的速度就会提高。"躯干跑步法"就是这种走路法的延伸。

第3章 躯干跑步法实践篇1　　运用躯干走路 ❸

矫正走路时的坏习惯

CASE 1　膝盖弯曲

虽然看上去像是老年人走路时的样子，但实际上，很多年轻女性都在用这种姿势走路。穿上高跟鞋，就无法继续保持笔直的轴心，为了保持平衡，于是采取了这样的姿势走路。这种姿势不仅膝盖弯曲，腰部也向后拉，背部弯曲，只有头部是向前探出的。以这种姿势长时间走路的话，会很容易引起疲劳。

意识到这里！　肩部回环，活动肩胛骨

肘部从前向后做回环动作，使肩胛骨的肌肉变得柔软。通过扩胸使身体的轴心保持笔直。通过肩胛骨的活动，躯干变得容易被唤醒了。

日常生活中的注意事项
① 不要穿过高的高跟鞋
② 视线上扬，不要盯着脚下

CASE 2 左右平衡较差

有的人虽然自己想要保持笔直的正确姿势，但是却不由自主地有一侧的肩部较低，或者腰部的高度不一致。这种左右歪斜是日常生活中的坏习惯导致的，如果一直这样走路的话，倾斜会变得更加严重。在改正坏习惯的同时，请进行将体重均匀地落在左右两条腿上的练习吧。

CASE 3 走路时腹部凸出

这是在身材较胖的人里面常见的走路姿势。如果躯干的肌肉较弱，身材较瘦的人也会有这样的走路姿势。由于此时不是用躯干，而是在用腰部支撑体重，因此会导致腰痛的产生。请意识到丹田的存在，矫正姿势，注意保持上半身的笔直。

意识到这里！ 左右交替承载体重的同时向前走

进行利用单腿完全承载体重走路的练习。右脚踏出时，将体重置于右腿的正上方；左脚踏出时，将体重置于左腿的正上方。感受一下左右均衡承载体重的感觉。

日常生活中的注意事项
1. 不要一直用同一侧的手拎重物
2. 不要让体重都落在一条腿上

意识到这里！ 使朝上的肚脐朝向正前方

如果觉得很难保持正确的姿势，那么只需要使朝上的肚脐改为朝向正前方就可以了。这样一来，躯干会更容易用力，过度向前挺的姿势也会得以改善。

日常生活中的注意事项
1. 正确摆臂，活动肩胛骨
2. 臀部肌肉用力

COLUMN

"四肢行走"，帮你抓住运用躯干活动的感觉

在对上下半身的联动进行解释的时候，我经常会说到动物走路的姿势。

例如，请试着回忆一下猎豹走路的姿势。它的背部肌肉有节奏地充分活动。前腿从肩胛骨处开始活动，这种活动传导到腰部，进而引发后腿有力的、具有跃动感的活动。

这种联动也同样适用于人类。在走路的过程当中，首先将手臂的摆动动作传导到背部，继而从背部引发腰部和腿部的活动。

从出生后不久就开始双腿行走的我们，会无意识地进行这种基本的动作。因此，用大脑去理解这种本来就自然习得的上下半身的联动，反而会觉得很难理解。

想象不出来的话，可以试着在地板上用四肢大幅前进，这样应该就可以感受到背部和骨盆自然活动的感觉了。这种练习也是在教授业余跑步爱好者的跑步培训班里实际用到的方法之一。

试着用"四肢行走"的方式走上几米。抓住通过背部肌肉的带动来实现手臂和腿部联动的感觉。无论用躯干走路还是跑步，要领都是一样的。

第 **4** 章

运用躯干跑步

躯干跑步法实践篇 **2**

终于要挑战"躯干跑步法"了!
只要用"站立"和"走路"时抓住
的感觉去跑步,就能跑得出乎意料
地轻松、有力。

第4章 躯干跑步法实践篇 2　　运用躯干跑步 ①

运用躯干跑步，跑得更快、更轻松

关键在于如何利用从地面反馈回来的力

与走路不同，跑步时有一个瞬间是双腿离地、身体悬在空中的。应该在这个瞬间将身体努力向前搬运。

"作用力与反作用力法则"（牛顿第三定律）当中提到"在施加力的同时，会向相反的方向产生同样大小的力"，试着把这个定律用在跑步的时候吧。

通过每只脚着地时对地面产生的冲击力，会从地面反馈回来同样大小的力。也就是说，每次着地时都会从地面获取能量，因此，在反复着地的过程中，身体就能轻松前进了。

这里很重要的一点就是躯干上的大块肌肉。如果躯干用力的话，身体就会像一个充满了气的球一样，能够充分捕捉到地面反作用回来的力，从而发生下一个动作。如果能做到这一点的话，即使小腿不向前踢出，根据惯性的定律，身体也能轻松迅速地前进。相反，如果不能用到躯干的话，就无法捕捉到从地面反作用回来的力。"只用腿跑步"之所以会容易疲劳，原因就在于此。

"躯干跑步法"就好像一个弹性很好的球

如果把身体比喻成一个球,把躯干上的肌肉比喻成向球内注入的空气的话,运用躯干跑步就像一个充满了气的球一样。即使不额外施加力,也能够利用地面的反作用力很好地弹来弹去。

"只用腿跑步"就好像一个泄了气的球

躯干上的大块肌肉松弛的身体,就好像一个泄了气的球。来自地面的反作用力都被吸收了,因此无法弹起来。无法产生推进力,给身体带来的负担自然也就会加大。

第4章 躯干跑步法实践篇2　　运用躯干跑步 ❷

这是运用躯干跑步的理想状态

> 运用躯干的
> 理想跑步状态的要点

① 肩胛骨柔软地活动

　　肩部和腰部不要额外用力,保持放松的状态。摆臂时肩胛骨充分活动。(参考图 A)

② 骨盆充分活动

　　从骨盆开始活动,带动着腿向前迈出。(参考图 B) 腰部不要向后用力,保持上半身笔直。此外,使骨盆稍稍前倾,令重心位于身体前方。

③ 上半身笔直地落在着地一侧的腿上

　　着地的瞬间,身体呈一条直线。(参考图 C) 这样能够使躯干充分承受着

在脑子里记住这些要点后,再回过头去看第2~3页介绍的"只用腿跑步"和"躯干跑步法"的图片,应该就能明白"只用腿跑步"的问题出在哪里了。

双脚悬空的瞬间大幅向前

地时的冲击,将来自地面的反作用力转化为推进力。

④在悬空的瞬间将身体努力向前搬运

　　身体悬空时,从骨盆开始使腿向前迈出,大幅前进。(参考图D)

⑤持续进行正确的循环

　　持续进行"着地→从骨盆开始使腿向前迈出→身体悬空的瞬间向前"的固定循环。

　　看过了一连串的动作,你会发现,只要笔直地着地,在下一个瞬间,着地一侧的腿就会自然向后,即使小腿不用力踢出,身体也会自然向前。

　　要注意面部朝向正前方,身体一直保持笔直的姿势。只要能灵活运用躯干,就能自然而然地做出理想的跑步姿势。

第4章 躯干跑步法实践篇2　　运用躯干跑步❸

开启躯干肌肉的开关，开始跑步吧

「从慢慢跑开始」

接下来，终于要开始运用躯干进行跑步的训练了。最重要的是按照步骤脚踏实地地练习，从运用躯干的准备开始。

很多业余跑步爱好者们的共同苦恼就是没时间跑步。所以，我也很理解他们一旦有时间就想马上开始跑步的心情。然而，如果只是盲目跑步的话，就无法充分用到躯干。如果想获得跑步的能力，跑得更快更轻松，就请开启躯干肌肉的开关，跑步时有意识地注意到躯干，保持正确的姿势，按照步骤脚踏实地进行练习。

下一页介绍的是掌握"躯干跑步法"所需的3个步骤。跑步前，一定要进行"躯干训练"（第31～47页），然后一边留意躯干，一边慢慢开始跑步。还要熟练掌握感觉到疲劳时使用的"躯干矫正法"，让身体记住运用躯干的感觉。

3步完成"躯干跑步法"

STEP 1
躯干训练
~开启躯干肌肉的开关~

跑步前,开启沉睡中的躯干肌肉的开关。对肩胛骨周围、腹部、臀部和大腿的肌肉给予适当的刺激,使肌肉变得易于活动。请一定在热身时进行这些练习。(第31～47页)

STEP 2 慢慢跑步
~留意躯干进行跑步~

留意躯干的同时,采用正确的姿势慢慢跑步。速度提高容易导致姿势不准确,要特别引起注意。(第76～81页)

STEP 3
躯干矫正法
~修正错误的躯干姿势~

长时间跑步的话,身体会变得疲劳,躯干上的肌肉也会变得松弛。如果感觉到"姿势不对了",就请实践可以与跑步同步进行的躯干矫正法,趁姿势还没有严重走样的时候回到正确的姿势上来。(第84～86页)

需要注意的要点1
姿势的起点【摆臂】

运用躯干跑步 ❹

> 不是活动手臂，而是活动肩胛骨

跑步时，首先活动的是哪个部位？恐怕大部分人的答案都会是"腿"，其实这是一种误解。跑步的动作是从摆臂开始的，更正确的说法是，跑步是从肩胛骨的活动开始的。

我经常会被问到"摆臂时应该摆到多高才合适""肘部的角度保持在多少度合适"这类问题，实际上，我觉得没必要考虑这些问题。

只要能充分地活动肩胛骨，就自然而然地能够形成适合跑步的姿势。

要点在于，不是单纯地摆动手臂，而是要充分拉动肘部。腋下微微紧张，在拉动肘部的同时充分活动肩胛骨。

如果肩部用力过度，导致肩部上耸形成驼背的话，肩胛骨就无法活动了。要保持胸部打开、目视前方的笔直姿势。

如果肩胛骨能够充分活动的话，手臂就会自然摆动。不刻意去想"要充分摆臂""摆臂要快"之类的也没问题。

拉动肘部，使用背部进行摆臂！

正确的摆臂姿势

肘部向后拉，肩胛骨向中间夹紧。这是从骨盆开始的下半身活动的起点。"用背部跑步"是理想姿势的起点。

错误的摆臂姿势

即使手臂摆到身体前面，肩胛骨也没有活动。这样一来，上下半身就不能很好地联动，会导致跑起来动作不自然。

矫正阻碍摆臂的坏习惯！

肩部不要过度上耸

肩部过分用力，会导致肩部上耸。这样一来，无论怎样摆臂，肩胛骨都无法正确地活动。为了保证肩胛骨周围肌肉的柔软，不过度用力非常重要。

> 肩部上耸的话，则无法很好地活动肩胛骨

常见于努力奔跑的业余跑步爱好者。跑得吃力、拼命摆臂的时候就会变成这样的姿势。

> 好像肩胛骨上长出了翅膀一样，充分挥动"翅膀"跑步

摆臂的方式随跑步方式的变换而改变

步幅较小的人

步幅较大的人

步幅较小，采用小步幅、高步频跑法的人，需要采取肘部折起来的简洁式摆臂。步幅较大，采用大步幅跑法的人，摆臂时肘部弯曲的角度较大，更有力。

第4章 躯干跑步法实践篇2　　运用躯干跑步 5

需要注意的要点2
激发跑步力量的关键【骨盆】

> 肌肉开关开启后，
> 即使不专门留意，骨盆也会活动

从摆臂开始的活动与下半身联系起来的关键在于骨盆。

在"躯干跑步法"中，在身体悬空的瞬间活动骨盆，利用体内产生的以及地面反作用回来的力使身体前移。

然而平日里，很多人即使想要这样做，也很难做到。

如果过度关注骨盆，就会导致只有骨盆在活动，腰部的扭动变得不自然，上半身变得不稳，从而无法很好地跑步。

为了使骨盆能够充分地活动，关键在于事先利用"躯干训练"打开活动骨盆肌肉的开关，并且使骨盆周围的肌肉变得柔软。

只要做到这两点，即使不刻意去想，骨盆也能自然地活动起来。不是腿向前伸出，而是将骨盆以下的部位全都看作腿，这样一来，就能轻松抓住正确的感觉了。（关于骨盆请参考第20～21页）

骨盆活动时的情况

自然活动时

正确的姿势是，配合肩胛骨的活动，骨盆自然向前探出。不需要专门留意"使骨盆向前"。

只是单纯地扭动

如果有意识地试图使骨盆活动的话，就会变成这种不自然的姿势。这样一来，只是腰部在扭动，骨盆并没有活动。

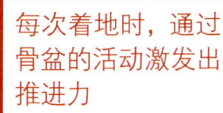

每次着地时,通过骨盆的活动激发出推进力

重要的是不要只试图活动骨盆!

为了能够顺畅地活动骨盆,要提高骨盆的柔韧性

无法很好活动的人,要认真进行躯干训练里面的"腰部抬起训练"和"腹肌训练",并重点进行使骨盆变得柔软的拉伸训练。

加大骨盆和髋关节活动幅度的拉伸训练

双腿前后大幅分开,前腿膝盖弯曲,腰部下沉。上半身笔直挺起,使腰部尽量下沉,拉伸腿的后侧到大腿根的部位。

第4章 躯干跑步法实践篇 2　　运用躯干跑步 ❻

需要注意的要点 3
保证重心顺畅移动最重要的步骤【着地】

> 感觉到"从正上方开始笔直落下来"就可以啦

在以从地面获得的反作用力作为推进力的"躯干跑步法"当中，着地是非常重要的关键点。虽说如此，但并不是说要"用脚底的某处着地"。着地的关键不在于末端的脚底，而在于"躯干"。

要点是将从骨盆开始算起的上半身笔直地落在着地一侧腿的正上方。只要能做到这一点，即使不将小腿用力踢出，身体也能自然地向前移动。请试着盯着自己的脚下跑跑看。如果身体笔直地落在腿的上方，着地时就看不到自己的脚尖。

试着练习在慢慢跑步的同时保持上半身的笔直。每次着地时，会感觉到从正上方"砰砰"踏向地面的感觉。

熟练掌握后，应该可以感觉到自己跑步时变得格外轻松。从以往能感觉到的身体重量中解放出来，跑步会变成非常轻快的一件事。

如果着地时步伐凌乱，就说明姿势不对了

稳定的着地
将上半身笔直地置于着地一侧腿的正上方。这关系到能否用躯干的肌肉承受来自地面的反作用力。

步伐凌乱的着地
右侧的图片中，跑步者的上半身左右倾斜，腿部和腰部受到的冲击变大，长时间跑步的话，会导致疼痛和伤病的产生。左侧的图片中，着地时脚踢向了身体的外侧，导致躯干的力量消失，进而导致跑步的效率降低，无法跑得更快。

笔直踏向地面的同时慢慢跑!

缓慢的节奏&较小的步幅

想要跑得更快的话,就容易只有腿迈向前方,而把上半身留在了后面。用较慢的速度使步幅变小,一步一步进行笔直地踩踏地面的练习。

找到状态后,如果腿部的运动速度加快了,要把速度降下来,双脚分别笔直地踩踏地面。这样一来,就能想起躯干笔直置于腿部上方的感觉了。

着地的瞬间,好像有一根柱子从脚下到头部贯穿全身!

第4章 躯干跑步法实践篇 2　　运用躯干跑步 ⑦

长时间跑步导致躯干姿势不正确

矫正了躯干，就能回到理想的姿势

实践"躯干跑步法"，就能跑得更加轻快。掌握了其中的诀窍的话，即使不刻意去留意，也能自然采用这种跑步方法，保持理想的姿势。但如果长时间跑步的话，躯干的力量可能会慢慢消失，要引起注意。

无论"躯干跑步法"多么节省体力，都不可能完全不给身体造成任何负担。

此外，无论是经过了多少训练的人，肌肉的生长位置和骨骼都会存在偏差。长时间跑步或跑得快一些的时候，姿势就会变得不正确。

例如，右侧腹肌力量较弱的人如果想要左右腿均衡地向前踏出，此时右腿就会无意识地特别用力向后蹬。在不断重复这个动作的过程中，跑步时右腿的大腿和小腿就会被过度使用，从而导致无法用到躯干。

重要的是，一旦觉得"有点儿累了"，就要在跑步的同时检查自己的姿势。如果发现姿势出现了问题，要用第 84 ~ 86 页介绍的方法尽快矫正，回到正确的姿势上来。

确认躯干姿势不正确的方法

❶ 检查映在商店橱窗里的姿势

如果想要看看跑步过程中自己的姿势，有一种办法是利用商店的橱窗。如果有一起练习的伙伴，互相确认姿势是否正确也是一个很好的办法。

❷ 跑步过程中自己检查身体的姿势

"躯干跑步法"是用大块的肌肉支撑体重，因此不会造成大腿或者腰部等个别部位的不适。如果感觉到不适，那就是姿势不正确的信号。

❸ 跑步结束后检查身体的状态

如果"只用腿跑步"的话，膝盖和腰部的负担就会增加，持续跑步就会产生不适，最终演变为疼痛。因此在跑步结束后也要检查身体的状态。

第4章 躯干跑步法实践篇2

运用躯干跑步 7

症状 1　腰部向后用力

臀部和腹部没有用力时会出现这种症状。由于重心落在了后面，所以需要用腿部的力量搬运身体。身体不能自动向前，导致消耗了额外的能量，容易疲劳。

矫正方法在这里！ 咚咚咚地敲打臀部，开启臀大肌的开关

腰部之所以会向后用力，是因为臀部的肌肉臀大肌处于休眠的状态。在跑步的同时用拳头敲击臀部，给予臀部一定的刺激，留意臀部的肌肉吧。

症状 2　驼背

跑步时容易驼背的人常常是平时姿势就不正确的人。一旦感到疲劳，原本的坏习惯就会故态复萌。

矫正方法在这里！ 肩胛骨夹紧

驼背的人，肩部会向前探出。将左右肩部向后拉，肩胛骨夹紧的话，胸部打开，背部就会挺直。在跑步的同时注意矫正姿势。

| 第1章 | 第2章 | 第3章 | **第4章** | 第5章 |

症状 3 低头

长时间跑步，身体感到疲劳后，视线就会变得向下。身体处于紧张状态，肩胛骨和骨盆的活动就会变得不自如，应该尽早进行矫正。

 矫正方法在这里！ **进行走路拉伸，调整姿势**

这是全身都处于紧张状态导致的萎缩不振，因此最重要的就是缓解肌肉的紧张。可以改换为走路，双手交叉，进行大幅度拉伸的同时深呼吸。慢慢走路，直至身体的紧张得到缓解。

症状 4 腿向后甩

这是骨盆活动状况不良时出现的症状。着地时腹部的肌肉没有发挥作用，因此躯干没能发挥其功能，导致只用腿在搬运身体。这样一来，即使拼命跑也只能收获疲劳。

 矫正方法在这里！ **敲击丹田，使意念集中**

将意念集中在丹田的同时，用指尖敲击下腹，开启腹部肌肉的开关。腹部变硬也没有关系。

第4章 躯干跑步法实践篇 2　　　运用躯干跑步 ⑦

症状 5　肩部上耸

矫正方法在这里！　肩部快速耸起、落下

在跑步的同时缓解肩部的紧张。使肩部快速耸起，再快速落下，同时向外呼气。这样不仅舒缓肩部，还能够缓解全身的紧张。

疲劳加剧时，由于紧张，肩部会上耸。肩部上耸会导致重心也随之上移，躯干的力量容易变得松弛下去。此外，还可能引起腰部或腿部疼痛。

症状 6　腰部下沉

矫正方法在这里！　跑步的同时使骨盆前倾

腰部下沉往往是骨盆后倾导致的。这样会导致膝盖和大腿前侧承受着地时的冲击，增加腿部的疲劳度。需要尽早矫正姿势。

手放在腰上，使处于后倾状态的骨盆前倾。上半身快速向前，重新感觉到上半身笔直置于骨盆之上就对了。

如果感觉到不适
就试试这个呼吸法吧！

从已经掌握了"躯干跑步法"的跑步者那里，经常会听到这样的说法："用躯干跑步时，我会觉得呼吸有些困难。"

实际上，这是理所当然的事情。如前所述，使用"躯干跑步法"的话，动作会变得有力，速度也会得到提升。这样就增加了运动的难度，呼吸变得困难也就是理所当然的啦。

于是，就需要学习感觉到呼吸困难时所采用的呼吸法。一旦感觉到呼吸困难，就想要大量吸入空气。然而，这其实是错误的。首先，充分呼出空气非常重要，把体内的空气彻底呼出了，自然就能够吸入新鲜空气了。

长时间跑步时，请一定要试试在使身体放松的同时实践下面介绍的呼吸法。仔细去做，会让呼吸迅速变得轻松起来。

此外，平时练习腹式呼吸也会有一定的效果。呼气时，要使空气充分呼出，腹部变得扁平；吸气时，要充分吸入空气，腹部也会随之鼓起。在日常生活中勤加练习的话，到了跑步的时候就能实现深度的呼吸了。

诀窍在于肩部不要用力，彻底将空气呼出

感到呼吸困难的时候，要深深呼气，调整呼吸。首先，减缓跑步的速度，肩部放松不要用力，慢慢跑步的同时，慢慢地、长长地呼气。彻底呼出体内的空气后，自然就能吸入新鲜空气了。

COLUMN

选择符合躯干力的鞋子

跑步是一项反复重复着地动作的运动。着地时，要承受3倍于体重的冲击力，给脚带来的负担非同一般。想要从此开始练习跑步的话，请一定准备一双专业的跑步鞋。

跑步鞋分为入门级、中级和比赛用鞋等，可以说这是根据躯干力的水平进行区分的。初学者的躯干力尚未得到充分的锻炼，跑步时容易给脚增加负担，使着地时的姿势变得不正确，因此有必要选择具有支撑性能、能够充分支撑足部的鞋子。

最近也出现了支持躯干力等功能的鞋子，可谓种类繁多。请咨询店员，选择适合自己的跑步鞋。

跑步时鞋子的作用

配合跑步的同时吸收来自地面的冲击，帮助体重从脚跟开始顺畅地移动。当然，如果穿上一双合脚的鞋子，跑步也会变得轻松。

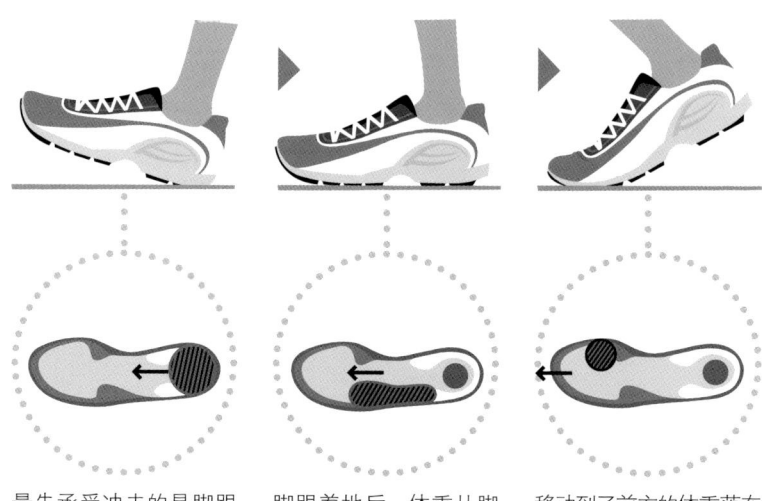

最先承受冲击的是脚跟部位。一般的跑步鞋都会在鞋底的脚跟部位使用弹性较好的材料。

脚跟着地后，体重从脚底的中央部位开始向前移动。脚底接触地面的只有脚底的外侧部分。脚心部位是不会接触到地面的。

移动到了前方的体重落在位于大脚趾根部的第一跖趾关节部位，然后继续向前直至消失。为了使整个过程更加顺畅地进行，鞋子的脚尖部位被设计成微微上扬的结构。

3个要点

1. 脚跟部位的反作用力

作为将着地时受到的冲击转化为推进力的要素,鞋子脚跟部位的反作用力非常重要。最理想的构造是能够缓解冲击的同时充分利用反作用力。以弹性为卖点的鞋子,脚跟部位下沉,会使重心向后偏,不能充分利用反作用力。

2. 使足部稳定的支撑性

为了防止着地时足部的摇晃,鞋子应具有很好的支撑性。支撑性是由鞋底和鞋帮实现的。肌肉量较少的初学者由于着地时的足部摇晃,容易出现疼痛和伤病,因此最好选择支撑性较好的鞋子。

3. 迅速移动体重的功能

鞋子应具备帮助体重迅速从脚跟移动到脚尖的功能。在能够使体重顺畅移动的前提下,如果着地时间变短了的话,你就自然而然地掌握了"躯干跑步法"。

COLUMN

当下流行的训练也是以锻炼躯干为目的的

在各项运动中,躯干都得到了重视。如果不运用躯干的话,在柔道或空手道等格斗类运动中就会轻易倒下;在棒球投球时,也无法投出漂亮的球。骑自行车的时候,其实躯干的肌肉也非常重要:不是使用大腿前侧的肌肉,而是使用上半身,从骨盆开始带动腿活动的话,就能蹬得更快。

作为身体素质基础训练的普拉提和瑜伽球训练等,在锻炼躯干肌肉方面有着极好的效果。通过强化支撑身体轴心的大块肌肉,能够塑造出紧致均衡的优美体形。

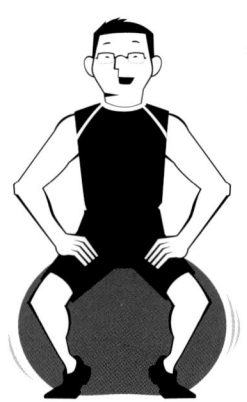

瑜伽球

通过坐在不稳定的球上努力保持平衡来锻炼躯干和深层肌肉的工具。在健身房很受欢迎。

回旋运动（Gyrokinesis）

在椅子或瑜伽垫上扭转活动身体,在矫正错误姿势的同时对躯干肌肉进行刺激的运动。

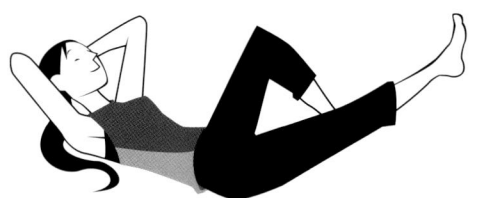

普拉提

以锻炼躯干为目的的练习,刺激深层肌肉,塑造形体。

第5章

通过躯干训练,
跑步变得更有趣

- 3个月挑战全程马拉松
- 躯干跑步法体验谈
- 躯干跑步法 Q&A

用躯干完成跑步！达到目标时间！

3个月挑战全程马拉松

躯干训练和快速果断的执行是成功的关键

了解到了跑步的快乐和它可以愉悦心情的作用后，就试着去挑战一次比赛吧。

一般来说，设定一个时间目标，面向正式比赛进行的训练至少也要提前3个月（12周）开始。具体的训练计划因人而异，与个人的时间目标和训练环境相关。

共同点有如下两点：

①进行"躯干训练"。

②快速果断地执行训练计划。

牢记这两点进行训练的话，能够提升跑步的能力，还能在跑步的同时使躯干力得到锻炼。

建议把3个月的训练计划分为3个阶段。在第93～95页，介绍了其中的一些要点，请将它们作为制订计划时的参考。初学者首先用第2章介绍的"躯干训练"认真进行练习，达到能持续跑30分钟的水平后，开始挑战这个计划表。

※请结合书后附录，金哲彦教练原创的"3个月的训练计划表"进行阅读。

阶段 ① 导入训练
首先，用6周时间
打下跑步的基础

在 6 周时间里，最初的 2 周用来打好身体的基础素质，使其能够完成全程马拉松。按照训练计划严格进行练习非常重要，不是每天都重复同样的跑步，而是分为走路的日子、慢跑的日子等，一周时间里的训练内容会有变化。

此外，为了打好身体的基础，休息也是十分必要的。如果第二天要大量跑步的话，前一天晚上要注意避免喝酒和熬夜，调整身体状态。

接下来的 3 周时间，是为第二阶段"专注跑步"做准备。这期间，跑步距离逐渐延长，还加入了负重训练，以提升跑步水平。余下的 1 周训练强度减轻，缓解身体的疲劳。

训练要点
- 认真训练，保持节奏。
- 将训练作为生活的一部分。
- 慢慢增加负荷。

这一阶段的**训练关键词**

①充分走路

按照第 62 ~ 67 页介绍的"运用躯干走路"的方法进行训练。比平常走路的步幅稍大，用力走路。

②慢跑

用轻松的步调跑步。虽然速度因人而异，但是不要达到气喘吁吁的程度。
速度比第 94 页介绍的"LSD"稍快。

阶段 ② 专注跑步
接下来，用4周时间
提升跑步能力

在这一阶段，为了达成目标，要让自己的身体有一些改变。4周时间里，最初的3周专注于跑步。即使觉得艰难，也请一定努力坚持下去。由于这一阶段跑步的距离变长了，还增加了高负荷的训练，因此要注意避免受伤。

在训练前后要舒展关节，认真进行拉伸。感到疲劳和疼痛的时候，通过冷敷和按摩修复身体。最后1周时间用来缓解长期训练带来的身体疲劳。就算是为了最后1周的充分休息，前3周也请充分努力训练。

> **训练要点**
> ・努力进行高负荷训练。
> ・最后1周充分休息。
> ・防止身体出现伤病。

这一阶段的**训练关键词**

① LSD

Long Slow Distance的缩写，也就是"慢慢走很长距离"的意思。以能够与人轻松聊天的速度走90分钟以上。

② WS

Wind Sprint的缩写，是一种用全力的70%～80%进行跑步的训练。由于增加了肌肉和心肺的负担，能够有助于体质的提升。以100米为一组，重复数组。

③ 坡道冲刺

在100～200米的坡道上进行向上冲刺，再慢慢跑下来的训练，重复数组。对强化心肺功能有效果。

阶段 ❸ 调整
用最后的两周时间
调整身体状态

　　比赛前的两周，要通过调整将这段时间训练获得的身体素质以最好的状态带到赛场上。重点在于降低训练量，消除身体的疲劳，同时保持肌肉力量不减弱，适应比赛的节奏。

　　同时，在比赛前给予身体适当的刺激，去面对比赛。随着比赛的临近，紧张和不安的情绪也会升高，请不要焦虑，沉稳地进行训练。此外，不要忘记，比赛前腿部感觉稍微重一点能够跑得更理想。相信之前训练的成果，自信地面对比赛吧。

> **训练要点**
> ・训练量下降，调整身体状态。
> ・试着以比赛的步速跑跑看。
> ・在赛前增加给予身体刺激的训练。

这一阶段的**训练关键词**

① 快跑
从慢跑的速度开始，后半段提高速度，进行快跑的训练。抓住距离感的同时进行跑步，效果会更好。

② 竞速跑
以基于比赛的时间目标推算出来的速度跑步。如果想在 5 小时之内跑完全程马拉松的话，就需要在 33 分钟之内跑完 5km。在赛前 10 天左右进行训练较为合适。

跑步有了变化！身体有了变化！
躯干跑步法体验谈

能够运用躯干后，跑步和身体都会发生明显的变化。这里介绍的是3位切实感受到这种变化的跑步者的经验之谈。
通过他们的经历，可以了解"躯干跑步法"的种种好处。

容易导致受伤的坏毛病都不见了，跑步变得轻松愉快起来

金子美佐
22岁
跑步经验1年

因为想要实现去参加火奴鲁鲁马拉松赛的梦想，所以从大约一年以前开始练习跑步。因为高中时代一直打篮球，所以我对自己的运动能力很有信心，在开始练习一个月之后，就能连续跑30分钟了。

然而，就在我想着"就这样继续努力"，企图延长跑步距离的时候，忽然感觉到膝盖的里面钝痛。虽然在跑步时我很留意自己的腿，但疼痛还是逐渐加剧，从那以后，就没办法进行令自己满意的训练了。

就在这时，我获知了运用躯干的跑步方法。我决心改变自己的跑步状态，于是坚持进行"躯干训练"，试着改为通过活动肩胛骨认真走路。

"难道只要改变跑步的方法，就能预防伤病的产生吗？"一开始，我对此也怀着将信将疑的态度，但是，很快我就感受到了只留意肩胛骨就能让身体不断向前的感觉。速度提升之后，膝盖也没再感觉到原来那种不适感。

重获自信的我开始了以火奴鲁鲁马拉松赛为目标的正式训练。通过运用躯干，即使长时间慢慢跑，肌肉也不会产生疼痛，能够轻松愉快地进行跑步。因为掌握了正确的跑步方法，我顺利跑完了火奴鲁鲁马拉松赛的全程。现在仍在坚持进行跑步训练。

「有了跑步的力量，耗时也一下子缩短了」

高桥浩太郎
33岁
跑步经验5年

跑步是我的生活中不可缺少的组成部分。从开始跑步到现在，已经过去了5年。现在，以参加比赛为目标，我每天坚持练习。

最初的一两年，我一直在重复练习。通过这些练习，我能够跑的距离越来越长，跑步速度也提升得很快。第一次挑战全程马拉松，我就取得了4小时08分的好成绩。

我把下一步的目标定为4小时之内完成全程马拉松，于是制订了平时每天跑10km，节假日每天跑15～20km的定额训练计划，希望能借此提高运动水平。然而，从某个节点开始，无论我再怎么努力，耗时也不再缩短了。就在我以为"这就是极限了吧"的时候，我接触到了"躯干训练"。

尝试躯干训练后，我发现自己很难做好"大腿后侧肌肉训练"和"腹肌训练"这两组练习，由此了解到了自己的弱点所在。之后，每天早上，我都会进行3组"躯干训练"。躯干的肌肉被唤醒后，令我惊讶的事情发生了——即使不刻意去努力跑得更快，跑步速度也得到了提升。半年后，我参加了第二次全程马拉松赛，耗时缩短了25分钟。如今，我正以3小时内跑完全程马拉松为目标努力着。

「只通过轻松地跑步，体重就减轻了3kg」

盐田加奈子
31岁
跑步经验2年

我是为了缓解压力才开始练习跑步的，完全没有把参加比赛当作目标，也没有在意耗时，只是慢慢跑步。

起初，我只能持续跑10分钟左右，后来，慢慢变成能够持续跑20分钟、30分钟，甚至1个小时。这样一来，跑步逐渐开始变成了一件乐事，我也开始逐渐在意起了自己的跑步姿势。

那个时候，朋友约我参加跑步课程，就在课程当中，我接触到了"躯干训练"。它对于跑步姿势的明显矫正效果令我很是惊讶。第一次尝试就感受到了变化的我，从那天开始，跑步时就开始留意躯干了。

通过"躯干跑步法"，我的最大收获是全身变得紧致了。原来按照自己的姿势跑步时没发生任何变化的体形，现在变得苗条了。

尤其让我感到开心的是，背部和腰部原来很难减掉的赘肉不见了。由于不再莽撞随意地练习跑步，在半年时间里，我的体重减轻了3kg，姿态变好看了，日常生活中似乎也不太容易感觉到疲劳。通过跑步，我深切感受到了躯干的重要性。

> 答疑解惑！

躯干跑步法Q&A

解答大家常见的疑问。从『躯干跑步法』到跑步的练习方式，

Q1 用了"躯干跑步法"之后，跑得太快了。有什么办法能够控制速度吗？

A1 减缓踏地时的力度，使身体不要过度前倾，这样一来，速度自然就会降下来了。这时，保持速度基本不变是最好的。无论慢跑还是快跑，所用到的"躯干跑步法"的原理都是相同的，因此请不要过度纠结于速度，而是留意掌握它的核心本质。

Q2 我用了"躯干跑步法"之后，马上就觉得气喘吁吁的。请教给我基本的呼吸方法。

A2 不要有意按照学校体育课上教过的"吸气吸气、呼气呼气"的方法去做。只要采取自然的有节奏的呼吸就可以了。如果在着地的瞬间用力向外呼气的话，就会变成深呼吸，腹部也会用力。首先请熟练掌握这个方法。(使用"躯干跑步法"导致呼吸困难时可以采用的呼吸法在第87页有介绍。)

Q3 想请教在坡道上进行"躯干跑步法"的诀窍。

A3 上坡时手臂稍稍向下,肘部向后方充分拉动。跑步时上半身用力稍多。下坡时,用小腿控制,速度稍稍提升。此时,要注意使身体稍向后仰,呈刹车状。

Q4 除了"躯干训练",还有什么需要在热身时进行的练习吗?

A4 推荐进行活动上半身、腰部和足部关节的运动,以及拉伸这些地方肌肉的拉伸练习。在关节得到舒展、进行了拉伸之后,再进行"躯干训练"效果会更好。

Q5 我刚刚开始跑步。虽然没有出现腿疼的症状,但是跑30分钟以上的话,耐力就耗尽了。有什么能够提高耐力的方法吗?

A5 这是因为你目前只有能坚持跑30分钟的耐力水平。跑30分钟后,请不要停下来,而是改成走路,体力恢复后再继续开始跑。不要试图一次性跑太多,而是将跑步时间切分成小块,保持长时间的持续运动。这样耐力就会慢慢得到提升了。

Q6 我不太明白在跑步的同时腹部和臀部用力是一种什么样的感觉。如果过度在意这件事的话,我的跑步姿势会变得很怪异。请问有什么诀窍吗?

A6 如果能开启躯干肌肉的开关,即使不刻意去留意,在着地的瞬间,这些部分也自然而然地会用力,悬空的时候会放松。最重要的是不要放任躯干的力量一直不发挥。在跑步时,用手指或拳头敲击腹部和臀部的肌肉,在着地的瞬间确认肌肉变硬了。

Q7 经常听到有人说肌肉过于发达的话，身体会变重，对跑马拉松没有好处。躯干的肌肉过度锻炼的话，真的会产生负面的影响吗？

A7 没有必要使用器械过度锻炼躯干的肌肉，只在跑步过程中进行锻炼就可以了。躯干的肌肉得到锻炼后，肌肉发达会促进脂肪的燃烧，这与体重的显著增加之间没有必然的联系。

Q8 小时候我很不擅长运动。虽然也很想挑战一次马拉松，但是我这种条件的人能做到吗？

A8 即使是小时候体育成绩不好的人，只要能运用躯干以正确的姿势跑步，就一定能完成马拉松赛。此外，为了享受运动乐趣和健康而进行的马拉松赛并不需要以很快的速度去奔跑，所以没必要跑得很快。请安心去尝试。

Q9 我平时在健身房的跑步机上跑步。为了掌握"躯干跑步法"，是不是去室外跑步更好呢？

A9 如果掌握了"躯干跑步法"的精髓，在跑步机上跑步也能取得明显的效果。但是，由于在跑步机上着地时，跑步者并不能完全支撑自己的体重，因此还是在室外跑步更容易抓住正确的感觉。如果条件允许的话，建议每周尽量在室外跑一次。

Q10 遇到下雨下雪这种无法在室外跑步的日子，有什么推荐的练习方法吗？

A10 由于下雪天容易滑倒，因此可以选择在室内用跑步机，或者利用室内跑道进行练习。遇到下雨天的话，只要不是大雨，都可以穿着跑步专用的雨衣继续跑步。天气恶劣，无法在室外跑步的时候，请在室内认真进行"躯干训练"。

Q11 为了健康我在坚持跑步,但是却戒不掉烟酒。对吸烟和饮酒的跑步者来说,有什么需要注意的地方吗?

A11 由于吸烟会对身体摄取氧的能力造成损害,因此如果想跑步的话,最好能够戒烟。稍微喝一点酒是没有问题的。但是,在刚跑完的时候不要饮酒,而是在充分补充了水分之后再适量饮酒。

Q12 盛夏和严冬时节跑步很痛苦。请问有与季节相适应的练习方法吗?

A12 盛夏时节,要避开温度和湿度较高的时间段,在早晨等较为凉爽的时间段进行跑步练习。不要长时间持续跑步,而是利用坡道等进行时间短且效果明显的练习。严冬时节,要避开温度过低的时间段,穿好御寒的衣物后再进行跑步练习。使用手套和帽子能进一步帮助御寒。

101

给读者朋友们的鼓励

后 记
Epilogue

前些天，因为要担任电视转播的解说员，我去观看了2007北京国际马拉松赛。

随着2008年北京奥运会的临近，中国正掀起一股运动热潮。在中国，业余跑步爱好者的数量正在增加，大家对跑步的热情在持续高涨。

在北京国际马拉松赛的起点处，我看到了让我惊讶的一幕。几位中国的业余跑步爱好者正在进行"躯干训练"中的一项。

"咦，在中国也有人看我的书吗？"

然而，冷静下来想一想，疑惑就解开了。"躯干训练"原本就是从世界顶尖选手的热身动作中提炼编制而成的一套方法。曾经在世界长跑界风靡一时的"马家军"选手，她们的训练中也包含了"躯干训练"的内容。我在北京国际马拉松赛上看到的这一幕，恐怕在中国已经是司空见惯

的热身活动了吧。

正因为是从世界各地学来的方法的集大成者,所以"躯干训练"才有着深刻的意义。它是任何人都用得到的世界性的训练方法。

任何人都会跑步。但是,身体活动机会极少的现代人却忘记了原本掌握的正确的跑步姿势。通过实践"躯干跑步法",一定可以找回小时候在山野里奔跑时身体的感觉。

最后,值此出版之际,向曾经为我提供帮助和建议的各位朋友表达深深的感谢。尤其是作为策划的江口知子和讲谈社MouRa杂志的荐伽铃,为本书的出版付出了巨大的努力。借此机会表达我诚挚的谢意。

金哲彦

图书在版编目（CIP）数据

躯干跑步法：顶尖教练帮你改善跑姿、减少伤病 /（韩）金哲彦著；肖潇译．
—北京：北京联合出版公司，2016.9
ISBN 978-7-5502-7944-5

Ⅰ．①躯…　Ⅱ．①金…②肖…　Ⅲ．①健身跑—基本知识　Ⅳ．① G806

中国版本图书馆 CIP 数据核字（2016）第 138022 号

《TAIKAN RANNINGU》
© Kin Tetsuhiko 2007
All rights reserved.
Original Japanese edition published by KODANSHA LTD.
Publication rights for Simplified Chinese character edition arranged with KODANSHA LTD.
through KODANSHA BEIJING CULTURE LTD. Beijing,China.
本书简体字中文版由日本讲谈社正式授权银杏树下（北京）图书有限责任公司出版发行，版权所有，未经书面同意，不得以任何方式作全面或局部翻印、仿制或转载。

版权登记号：01-2016-3432

躯干跑步法

著　　者：[韩]金哲彦　　　　译　　者：肖　潇
选题策划：后浪出版公司　　出版统筹：吴兴元
责任编辑：李　伟　　　　　特约编辑：徐　娇
营销推广：ONEBOOK　　　　装帧制造：墨白空间·张静涵
摄　　影：林桂多　米泽耕　模　　特：蒲生麻由
插　　图：大泽裕　松见文弥　造　　型：齐藤节子（MAKE-UP ROOM）
策　　划：江口知子　　　　服　　装：Reebok Japan

北京联合出版公司出版
（北京市西城区德外大街 83 号楼 9 层　100088）
北京盛通印刷股份有限公司印刷　新华书店经销
字数 118 千字　889 毫米 ×1194 毫米　1/32　3.5 印张　插页 6
2016 年 9 月第 1 版　2016 年 9 月第 1 次印刷
ISBN 978-7-5502-7944-5
定价：36.00 元

后浪出版咨询(北京)有限责任公司
常年法律顾问：北京大成律师事务所　周天晖　copyright@hinabook.com
未经许可，不得以任何方式复制或抄袭本书部分或全部内容
版权所有，侵权必究
本书若有质量问题，请与本公司图书销售中心联系调换。电话：010-64010019

躯干训练

❶ 基本姿势

拉动肘部，
肩胛骨夹紧

❸ 大腿后侧肌肉训练

臀部凸出，
膝盖弯曲

❷ 大腿前侧肌肉训练

膝盖弯曲，
腰部下沉

❹ 转体训练

跳跃的同时扭动腰部

❺ 摆臂训练

左右手臂交替上举

❻ 踏步训练

有节奏地原地踏步

❽ 腹肌训练

用腹部的力量使腿部抬起

❼ 腰部抬起训练

用腹部的力量使腰部悬停

❾ 腿部抬起训练

臀部用力使腿部抬起、放下

※放下时脚应刚好落在地板上

详情请参考第31～47页（有适用于肌肉力量较弱的人群的训练方法）。

3个月的训练计划表（金哲彦原创）

以比赛为目标！

5小时内完成全程马拉松！

请按照自己的生活节奏自然而然地将跑步融入其中。
不要苛求完美，不要勉强硬撑。
关于训练用语的解释请参考第93～95页。

第一阶段　导入训练

倒计时	星期	训练内容	来自金教练的提醒	训练日志
倒计时83天	一	休息		
倒计时82天	二	充分走路	30～60分钟，摆臂，以正确的姿势充分走路。	
倒计时81天	三	30分钟慢跑	早晚均可，30分钟左右微微出汗的慢跑。	
倒计时80天	四	休息		
倒计时79天	五	30分钟慢跑	虽然是休息日，但由于第二天要训练，因此要避免多喝酒和熬夜。（以下同）	
倒计时78天	六	30分钟慢跑	由于是第一个周末，因此用60分钟慢慢地愉快地跑步。	
倒计时77天	日	60分钟LSD		
倒计时76天	一	休息		
倒计时75天	二	充分走路	30～60分钟，摆臂，以正确的姿势充分走路。	
倒计时74天	三	30分钟慢跑	早晚均可，30分钟左右微微出汗的慢跑。	
倒计时73天	四	休息		
倒计时72天	五	休息		
倒计时71天	六	40分钟慢跑+WS×3	40分钟的慢跑后，稍稍提高速度跑3次100米。	
倒计时70天	日	60分钟LSD	与上周一样，用60分钟慢慢地愉快地跑步。	
倒计时69天	一	休息		
倒计时68天	二	充分走路	30～60分钟，摆臂，以正确的姿势充分走路。	
倒计时67天	三	30分钟慢跑	能够轻松进行30分钟的慢跑。	
倒计时66天	四	休息		
倒计时65天	五	充分走路		
倒计时64天	六	80分钟LSD	用能同时聊天的速度慢慢跑。不要忘记途中的水分补给。	
倒计时63天	日	40分钟慢跑	帮助缓解前一天LSD带来的疲劳的慢跑。	
倒计时62天	一	休息		
倒计时61天	二	30分钟慢跑+WS×3	由于第二天的80分钟LSD做准备，充分走路，调整腿部肌肉力量	
倒计时60天	三	坡道冲刺×5	20分钟的慢跑后，重复5组『100米坡道加速跑』。	
倒计时59天	四	充分走路	如果时间还有富余，进行30分钟以内的轻度慢跑。	
倒计时58天	五	30分钟慢跑		
倒计时57天	六	60分钟慢跑		
倒计时56天	日	10km快跑	以慢跑的速度开始，后半段试着跑起来。抓住对距离的感觉	
倒计时55天	一	休息		
倒计时54天	二	40分钟慢跑		
倒计时53天	三	坡道冲刺×5	20分钟的慢跑后，重复5组『100米坡道加速跑』。	
倒计时52天	四	充分走路	30～60分钟，摆臂，以正确的姿势充分走路。	
倒计时51天	五	30分钟慢跑		
倒计时50天	六	60分钟慢跑+WS×3	在慢跑的最后进行3组100米，给予少量的刺激。	
倒计时49天	日	80分钟LSD	慢慢跑，充分进行有氧跑步。如果感觉到疲劳，可以加入少量步行。	

	倒计时	星期	训练内容	备注
第三阶段 调整	比赛当天	日	马拉松比赛	终于到了比赛的日子了。认真分配速度，有意识地运用躯干跑步法！
	倒计时1天	六	30分钟慢跑+WS×3	30分钟的慢跑后，稍稍提高速度跑3组100米。
	倒计时2天	五	休息以及轻度慢跑	
	倒计时3天	四	40分钟慢跑	
	倒计时4天	三	10km快跑	
	倒计时5天	二	休息	
	倒计时6天	一	休息	
	倒计时7天	日	40分钟慢跑+WS×5	针对比赛进行最后的身体状态调整。诀窍是后半段稍稍提高速度，提高心率。
	倒计时8天	六	80分钟LSD	
	倒计时9天	五	慢慢跑，充分进行有氧跑步。	
	倒计时10天	四	休息	
	倒计时11天	三	5km竞速跑	以目标速度跑5km，时间在33分钟左右。
	倒计时12天	二	60分钟慢跑	
	倒计时13天	一	休息	
第二阶段 专注跑步	倒计时14天	日	80分钟LSD	慢慢跑，充分进行有氧跑步。
	倒计时15天	六	WS×3	
	倒计时16天	五	休息	
	倒计时17天	四	充分走路	30~60分钟，摆臂，以正确的姿势充分走路。
	倒计时18天	三	30分钟慢跑	
	倒计时19天	二	40分钟慢跑	
	倒计时20天	一	休息	
	倒计时21天	日	120分钟LSD	慢慢跑，充分进行有氧跑步。如果感觉到疲劳，可以通过按摩缓解。
	倒计时22天	六	10km快跑	
	倒计时23天	五	80分钟LSD	
	倒计时24天	四	40分钟慢跑	以慢跑的速度开始，后半段试着跑起来。如果感觉到疲劳，抓住对距离的感觉。
	倒计时25天	三	坡道冲刺×5	
	倒计时26天	二	40分钟慢跑	
	倒计时27天	一	休息	
	倒计时28天	日	15km快跑	以慢跑的速度开始，后半段试着跑起来。如果感觉到疲劳，抓住对距离的感觉。
	倒计时29天	六	80分钟LSD	
	倒计时30天	五	30分钟慢跑	
	倒计时31天	四	40分钟慢跑	
	倒计时32天	三	40分钟慢跑+WS×3	今后的一周时间里稍加休息。
	倒计时33天	二	40分钟慢跑	
	倒计时34天	一	休息	
	倒计时35天	日	80分钟LSD	
	倒计时36天	六	10km快跑	以慢跑的速度开始，后半段试着跑起来。如果感觉到疲劳，可以加入少量步行。
	倒计时37天	五	40分钟慢跑	
	倒计时38天	四	休息	
	倒计时39天	三	坡道冲刺×5	20分钟的慢跑后，重复5组「100米坡道加速跑」。
	倒计时40天	二	40分钟慢跑	
	倒计时41天	一	休息	
	倒计时42天	日	40分钟慢跑	
	倒计时43天	六	40分钟慢跑+WS×5	40分钟的慢跑后，稍稍提高速度跑5组100米。
	倒计时44天	五	休息	
	倒计时45天	四	充分走路	30~60分钟，摆臂，以正确的姿势充分走路。